基层干部培训系列教材

苏州产业转型升级的实践与探索

主　编　张　伟
副主编　尚贵华

苏州大学出版社
Soochow University Press

图书在版编目(CIP)数据

苏州产业转型升级的实践与探索/张伟主编.—苏州：苏州大学出版社，2016.4
基层干部培训系列教材
ISBN 978‐7‐5672‐1659‐4

Ⅰ.①苏… Ⅱ.①张… Ⅲ.①产业结构升级－苏州市－干部培训－教材　Ⅳ.①F127.533

中国版本图书馆 CIP 数据核字(2016)第 029931 号

苏州产业转型升级的实践与探索

张　伟　主编

责任编辑　史创新

苏州大学出版社出版发行
(地址：苏州市十梓街1号　邮编：215006)
苏州恒久印务有限公司印装
(地址：苏州市友新路28号东侧　邮编：215128)

开本 700×1000　1/16　印张 12.25　字数 211 千
2016 年 4 月第 1 版　2016 年 4 月第 1 次印刷
ISBN 978‐7‐5672‐1659‐4　定价：40.00 元

苏州大学版图书若有印装错误，本社负责调换
苏州大学出版社营销部　电话:0512‐65225020
苏州大学出版社网址 http://www.sudapress.com

基层干部培训系列教材
编写委员会

主　任　张　伟
副主任　孙坚烽　费春元　薛　臻　汤艳红
委　员　金伟栋　蔡俊伦　叶　剑　何　兵
本书编写人员（按姓氏笔画排序）
　　　　　　王习习　付　冰　张　琰　尚贵华
　　　　　　裴梦婷

序

我国的经济发展正处于"绕不过去的历史关口"。推进结构性改革,加快农业现代化建设、制造强国建设和服务业发展,是适应经济发展新常态,突破"历史关口"的必然要求。坚持创新发展,探索产业发展新模式,构建结构优化、技术先进、附加值高的现代产业体系,也是当下苏州经济发展的重点之一。新形势,新任务,对理论工作者和实际部门都提出了一系列需要进一步研究和探索实践的新课题。

构建现代产业体系,必须推进产业转型升级,优化产业结构。产业转型升级,是产业发展的基本特点和必然趋势,是伴随生产力提高、社会化分工的精细化和专业化而使生产要素在产业内部进行结构优化的发展过程。面对当前经济下行压力,必须坚持稳增长与调结构互动并进,传统产业升级和新兴产业培育双管齐下,深入实施转型升级工程,大力推进"大众创业,万众创新",着力推动包括科技创新、体制创新、商业模式创新等在内的全面创新,加快实现增长动力的转换,使创新驱动成为经济发展的主引擎。

改革开放以来,苏州紧紧抓住每一次重要的发展机遇,迅速从一个中等的地级市,跃升为全国第七大城市经济体,成为工业经济总量仅次于上海的全国第二大工业城市。2014年,苏州的人均地区生产总值就已超过2万美元,达到了中等发达国家水准,进入工业化中后期。然而,在经济高速发展的同时,苏州也存在一系列深层次的矛盾和问题——高附加值产品还不多,产业仍处价值链中低端;劳动密集型企业带来外来人口激增,常住人口已超1300万,社会管理面临突出矛盾;土地开发强度已超过28%,能源消耗中原煤占比高达40%,资源日趋紧张,后续增长乏力。加速实现全面转型,成为苏州发展的唯一出路!

近两年,苏州认真贯彻落实国家发展新战略,自觉践行"五大发展理念",大力推动"工业经济"向"服务经济"、"劳力经济"向"智力经济"、"世界工厂"向"世界办公室"转型,努力实现产业结构由"二三一"向"三二一"转型,全力打造现代服务经济高地和服务经济强市。以加快转型升级为核心任务,着力推动增长动力由资源消耗为主向创新驱动为主转变、经济结构由制造业为主向服务经济为主转变、工业经济由传统产业主导向新兴产业主导转变。率先全面建成小康社会、率先基本实现现代化取得重要新进展。

苏州,作为建设"经济强、百姓富、环境美、社会文明程度高的新江苏"的先行军、排头兵,其率先全面建成小康社会、率先基本实现现代化的经验,创造的各种发展"奇迹"都非常诱人,也值得总结和推广,其面临的新形势、新挑战急需正视和应对,新矛盾、新问题更需突破和解决。就产业发展而言,苏州必须按照认识新常态、适应新常态、引领新常态的大逻辑,坚持创新驱动,加快构建高效先进的现代产业体系。现实给我们广大理论工作者和实际工作者的一个重要任务是,认真总结苏州产业转型升级经验,提出构建现代产业体系的新思路,推出新举措。《苏州产业转型升级的实践与探索》在这方面进行了许多有益探索。它不仅通过详实的数据、典型的案例,从理论和实践两个视角对苏州经验进行了系统全面的总结、归纳、提炼,可读性强,而且结合苏州经验,各县(市)、区、镇实践,就如何构建现代产业体系,高端化发展制造业,高起点发展现代服务业,改造提升传统支柱产业,提高现代农业发展水平,提出了对策思路,启发性大。因此,本书作为苏州干部学院干部培训教材和普及读物是十分合适的。

是为序。

钱振明

2015 年 12 月 22 日

(钱振明,苏州大学研究生院副院长、博士生导师)

目 录

绪 论 1

第一章 我国产业转型升级的基本情况 4

第二章 苏州产业转型升级的背景及实践 23
 概 述 23
 案例一 苏州工业园区:打造自主创新示范区先导区 33
 案例二 苏州高新区:迈进全国高新区第一方阵 42
 案例三 昆山:全力推动经济转型升级创新发展 50
 案例四 木渎镇:城乡一体化背景下的产业转型升级 58

第三章 苏州农业的转型升级 65
 概 述 65
 案例一 常熟:创新引领农业升级增效 74
 案例二 相城区:发展现代农业,加快转型升级 80
 案例三 吴江区:农业产业化发展经验及启示 87

第四章 苏州工业制造业的转型升级 92
 概 述 92
 案例一 太仓:工业经济转型升级 103
 案例二 相城区黄埭镇:转型升级发展工业经济路径 109
 案例三 常熟:用创新点燃工业升级"核动力" 114

第五章　苏州服务业的转型升级 ············ 121

　　概　述 ············ 121

　　案例一　苏州工业园区:服务外包发展的经验和启示 ········ 130
　　案例二　苏州高新区:"全链条"催化科技创新 ············ 136
　　案例三　苏州:拥抱文化产业新时代 ············ 143
　　案例四　太仓:发展服务业促经济转型 ············ 149

第六章　苏州新兴产业发展情况 ············ 153

　　概　述 ············ 153

　　案例一　苏州工业园区:纳米技术产业发展的经验及启示 ········ 166
　　案例二　苏州高新区:新兴产业发力,助推转型升级 ············ 172
　　案例三　张家港:转型升级唱响"三重奏" ············ 180

后　记 ············ 188

绪 论

加快转变发展方式的核心问题之一,是加快调整产业结构,推动经济转型升级。国内外学者几乎一致认为产业结构变动有助于经济增长。以罗斯托为代表的经济增长阶段论认为,现代经济增长的本质是一个结构转换过程,一定的经济增长阶段与一定的产业结构相对应。产业结构与经济增长存在一种互动机制,产业结构随着经济增长有规律地演进。

产业转型升级,从低附加值转向高附加值升级,从高能耗高污染转向低能耗低污染升级,从粗放型转向集约型升级。产业转型升级,应定义为产业结构高级化,即向更有利于经济、社会发展的方向发展。产业转型升级的关键是技术进步,在引进先进技术的基础上消化吸收,并加以研究、改进和创新,建立属于自己的技术体系。产业结构转型升级中的"转型",其核心是转变经济增长的"类型",即把高投入、高消耗、高污染、低产出、低质量、低效益转为低投入、低消耗、低污染、高产出、高质量、高效益,把粗放型转为集约型,而不是单纯地转行业。转行业与转型之间没有必然联系,转了行业未必就能转型,要转型未必就要转行业。产业结构转型升级中的"升级",既包括产业之间的升级,如在整个产业结构中由第一产业占优势比重逐级向第二、第三产业占优势比重演进;也包括产业内的升级,即某一产业内部的加工和再加工程度逐步向纵深化发展,实现技术集约化,不断提高生产效率。

2015年是全面贯彻落实党的十八届三中全会精神、全面深化改革的第二年。我国经济运行在合理区间,经济结构调整出现积极变化,深化改革开放取得重大进展。但是世界经济复苏仍呈疲软态势,国内经济下行压力较大,经济发展进入中高速增长的新常态,产业创新和转型升级成为新常态下经济结构调整的必然要求,亟须系统研判新常态下的产业发展形势,准确认识和把握新时期产业创新与转型升级的规律,总结地方产业转型升级先行区的实践经验。

近年来,苏州响应国家号召,积极推动"工业经济"向"服务经济"、"劳力经济"向"智力经济"、"世界工厂"向"世界办公室"转型,努力实现产业结构由"二三一"向"三二一"转型,全力打造现代服务经济高地和服务经济强市。坚定不移地以加快转型升级为核心任务,着力推动增长动力由资源消耗为主向创新驱动为主转变、经济结构由制造业为主向服务经济为主转变、工业经济由传统产业主导向新兴产业主导转变。完善区域创新体系,更多地依靠科技进步、劳动者素质提高和管理创新促进经济发展。改善需求结构,牢牢把握扩大内需这一战略基点,增强消费对经济增长的基础作用,发挥好投资对经济增长的关键作用,千方百计拓展外需、稳定外贸,使消费、投资、出口三者结构更加合理,拉动更加有力。优化产业结构,发展新兴产业,壮大现代服务业,提高农业综合生产能力和综合效益。做大做强中心城市,更好地发挥其对区域发展的辐射带动作用。

针对经济新常态下的新情况、新特点,苏州市以提高经济增长质量和效益为中心,突出创新引领、聚焦转型、生态优先、民生为本等重点,在推动经济转型升级方面进行积极探索,努力走质量型增长、内涵式发展道路,经济转型升级取得明显进展,整体上处于向上攀升阶段。2014年,苏州全市新兴产业产值占规模以上工业产值比重达到47.5%,苏州工业园区、高新区占比分别达到58.7%和54.6%。高新技术产业规模约占全省1/3,占规模以上工业的比重达到44.8%,高于全省5.3个百分点。服务业量质齐升,2014年服务业占比已达46.7%,生产性服务业对服务业税收增长的贡献达到65%。技术创新能力进一步增强。全社会研发支出占GDP比重达到2.7%;技术创新资源日益丰富,苏州工业园区、苏州高新区、昆山高新区三家进入国家苏南自主创新示范区。现有张家港节能环保装备、昆山传感器、常熟汽车零部件、吴中生物医药等27家国家火炬计划高新技术特色产业创新基地,占全省的1/5以上;苏州全市省级科技产业园累计达32家;高端人才加速集聚,一批能够突破关键技术、带动新兴产业的海内外高层次人才纷至沓来,截至2014年年底,苏州拥有国家"千人计划"人才累计达157人,其中创业类人才95人,居全国大中城市首位;省"双创计划"人才总数连续八年居全省第一;全市博士后工作站点达295个,居全国同类城市首位。技术发明能力不断提高,全市专利申请和授权量继续位居全国大中城市第 1 位,申请 PCT(Patent Coopertion Treaty,专利合作协定)专利量列全国第 5 位。自主品牌企业实现增加值占 GDP 的比重达 15.5%。集约发展水平进一步提高。全市建设用地 GDP 产出达到 33 万元/亩,万元 GDP 能耗为 0.609 吨标煤,其中,苏州工业园区万元 GDP 能耗为 0.272 吨标煤,COD 和 SO_2 排放量仅为全国平均水平的 1/18 和 1/40。

综上所述,苏州作为苏南发展的先行军,中国全面小康社会建设与现代化的先导和示范区域,其率先发展的实践与探索经验总是十分重要的,也非常诱人。归纳梳理苏州产业转型升级的实践与探索的经验,不仅对提高苏州的经济发展水平具有积极意义,而且对全国其他地区的产业转型升级也具有启发与借鉴价值。

第一章 我国产业转型升级的基本情况

进入新阶段,我国供求条件和比较优势都在发生深刻变化。国际上产业发展新技术、新业态和新模式正在涌现,为我国加快产业结构转型升级提供了新机遇;国内传统发展方式带来的压力,对我国产业结构转型升级提出了新要求。新阶段我国产业结构将向服务业加快发展、工业中高加工度和技术密集型产业比重上升、农业现代化和功能化方向演变,并由价值链低端向中高端跃升,经济发展由要素驱动向创新驱动转换、由高碳模式向低碳模式转型。产业结构演变升级的根本动力来自于通过不断的创新以满足需求的变化,其最有效的方式是发挥企业的主体地位和市场在资源配置中的决定性作用,政府则侧重于弥补市场失效和根据国家意志对一些战略性产业的战略性介入的引导。

2014年,我国产业结构调整取得积极进展。粮食产量实现"十一连增",第一产业保持平稳增长,增加值同比增长4.1%;第二产业增长7.3%,增幅同比回落0.8个百分点,但内部结构持续优化,高技术产业、战略性新兴产业发展加快,产能过剩行业投资扩张势头得到有效遏制;第三产业增长8.1%,超过第二产业成为拉动经济增长的主要力量。但是,粮食持续增产压力加大、新增长动力发展偏缓、去产能任务依然繁重、企业融资成本高等问题仍然比较突出。展望未来,外部需求有所改善、内部需求将保持平稳增长,有利于产业持续平稳发展,但受经济增长换挡减速、投资需求下行压力较大、新增长动力不足和要素成本持续上升等因素影响,总体增速将进一步趋稳放缓。要充分认识新常态,适应新常态,进一步深化改革,强化创新驱动,大力培育发展新兴产业和新业态,加快发展服务业,促进产业结构调整升级,推动产业链向中高端迈进,增强我国产业的持续健康发展能力。

一、我国产业发展总体情况与特征

（一）农业增速平稳回升，粮食生产实现"十一连增"，农产品贸易逆差高位下降

我国农业经济克服了自然灾害、价格低迷等不利因素影响，扭转了2013年年初以来的发展颓势。2014年，第一产业增加值58332亿元，同比增长4.1%，增幅同比提高0.2个百分点，比国内生产总值增速低3.3个百分点，全年各季度与国内生产总值增速差距始终保持在4个百分点以下的低位水平。

得益于我国粮食单位面积产量的持续提高，2014年粮食再获丰收，粮食总产量达60709.9万吨（12142亿斤），比2013年增加516万吨（103.2亿斤），增长0.9%，虽然增速回落趋势明显，但仍实现了"十一连增"。主要农产品产量保持平稳，棉花产量小幅减少，畜牧生产稳步提高，渔业生产稳定发展。

在国内外农产品整体价格持续倒挂的形势下，农产品贸易总额再创新高。2014年，我国农产品进出口总额1929.86亿美元，同比增长4.2%，其中，出口713.55亿美元，进口1216.3亿美元，分别同比增长6.3%和3.1%，贸易逆差502.75亿美元，同比略降1.2%，是2010年以来首次下降，但逆差总量仍维持高位，连续第二年在500亿美元以上。

（二）工业增速明显回落，企业效益持续下滑，出口形势有所改善

2014年，工业经济增长动力持续减弱，化解产能过剩的潜在风险逐步显现。全年工业增速前高后低，特别是下半年未能延续上半年平稳回升的趋势，单月出现大幅下滑，8月规模以上工业增加值增速仅为6.9%，是2011年以来的最低值。1~12月，规模以上工业增加值增速为7.9%，较上年同期下降1.8个百分点，为"十二五"以来新低。从具体行业看，受政策利好刺激，全年铁路、船舶、航空航天和其他运输设备制造业与计算机、通信和其他电子设备制造业同比分别增长12.7%、12.2%，是制造业中的一抹亮色。而钢铁、纺织、化工、非金属等主要原材料工业增速持续回落，增幅均较2013年同期回落2~4个百分点。汽车产业增速下滑幅度较大，但新能源汽车产

量呈快速增长态势,全年累计生产8.39万辆,同比增长近4倍。工业主要行业产品出厂价格持续下降,特别是金属材料类、燃料动力类等基础原材料类工业品需求低迷。

受2013年基数较高、内需持续疲软等因素影响,2014年工业经济效益增速整体大幅下降,主营业务收入和利润总额增幅双双下降。1~12月,规模以上工业企业主营业务收入增长7.0%,利润总额增幅仅为3.3%,分别较2013年同期回落4.2个和8.9个百分点。虽然二季度效益指标一度有所回升,但三季度开始重回下降趋势,且降幅呈持续扩大趋势。工业行业效益结构性下滑特征显著,装备制造和高技术行业盈利能力较强,特别是铁路、船舶、航空航天和其他运输设备制造业,计算机、通信和其他电子设备制造业,电器机械和器材制造业增幅较大;而传统行业盈利能力下降,特别是采矿等原材料工业受需求和价格下降等因素影响,利润大幅下滑。

工业品出口整体呈现向好趋势。2014年全年工业企业累计实现出口交货值12.09万亿元,同比增长6.4%,较上年同期高出1.4个百分点。机电产品和高技术产品累计出口额下降幅度继续收窄,纺织品、服装、塑料制品、鞋类、箱包和玩具等传统劳动密集型产品继续恢复性增长,汽车零配件、轨道交通、钢材等产品呈现较强增长趋势,特别是我国高铁以技术领先、经济性较强等特点,成为中国工业走向国际市场的"领头羊"。

(三)服务业增速有所放缓,新业态快速发展,服务贸易逆差进一步扩大

受整体经济增速放缓、房地产市场持续低迷等因素影响,2014年服务业增速未能延续2013年增幅止跌回升的趋势,增幅有所放缓。第三产业增加值同比增长8.1%,增幅较2013年下降0.2个百分点,但仍高出第二产业0.8个百分点,继2013年之后再次取代第二产业成为拉动经济增长的主要力量。

服务业内部增长依旧"冷热不均"。一至三季度,批发和零售业、金融业增长速度较快,增幅超过9%,但均较2013年同期有所下滑。经历了近两年的政策消化,住宿和餐饮业开始企稳回升,增长6.2%,较2013年同期上升了0.9个百分点。受投资放缓、市场冷淡的影响,房地产业在服务业中增速

垫底,仅为2.3%,房地产业的迅速下滑成为服务业增速下降的重要因素。在新一代信息技术的带动下,以信息服务业为代表的新兴服务业呈爆发式增长,电子商务、云计算、移动互联网、互联网金融等新业态加速发展,信息消费规模持续扩大,乐视网、京东、阿里巴巴等一批互联网龙头企业成功在海内外上市。2014年11月11日当天,阿里巴巴集团创造了571亿美元的交易额,不仅打破了吉尼斯世界纪录,还带动了包括快递业在内的上下游产业链。据统计,2014年全国快递业务量完成140亿件,首次超过美国,跃居世界第一,快递最高日处理量超过1亿件,同比增长52%,快递业务收入完成2040亿元,同比增长42%。

2014年1~11月,我国服务进出口总额达5312.5亿美元,比2013年同期增长12.5%,高于同期货物进出口增幅9.1个百分点。服务进、出口均实现两位数增长。服务贸易结构也发生积极变化,高附加值服务进出口均保持较快增速。1~11月,电影音像、金融服务、计算机和信息服务出口增幅领先,金融服务、计算机和信息服务以及广告宣传进口保持较快增长。同时,我国服务贸易逆差1332亿美元,同比增长10.4%,逆差规模进一步扩大。其中,旅游贸易逆差为920亿美元,逆差额居各类服务之首;运输服务、专有权利使用费和特许费、保险服务继续成为逆差主要来源,逆差额分别为531亿美元、199亿美元和167亿美元。这表明我国服务业整体国际竞争能力不足,同时也是我国居民收入提高、消费能力增强的具体表现。

(四)产业结构优化态势向好,结构调整进入"攻坚期",产业跨区域转移加快

继2013年第三产业GDP占比首次超过第二产业之后,2014年我国产业结构继续调整优化,第三产业增加值占比为48.2%,较2013年提高1.3个百分点,高于第二产业5.6个百分点。第一、第二、第三产业对GDP的贡献率分别为2.03%、32.10%和65.86%(2013年同期分别为4.9%、48.3%、46.8%),服务业对国民经济的支撑带动作用进一步突出。这与地方经济考核方式转变有关,也与工业和服务业加速融合有关。

高技术产业和战略性新兴产业发展态势良好,在结构调整优化中发挥积极作用。2014年全年,高技术产业增加值增速12.3%,利润增长15.5%,

分别比规模以上工业平均水平高出4个和9个百分点,创新驱动增长作用较为明显。2014年前三季度,战略性新兴产业实现较快增长。2014年1~8月节能环保、生物、新一代信息技术以及新能源等领域20个重点行业主营业务收入达到10.1万亿元,同比增长13.0%,显著高于工业总体8.3%的增速,同期20个(可统计)重点行业主营业务收入占工业企业总体的比重达到了14.5%,较2013年同期提高了0.7%。

化解产能过剩矛盾取得积极进展。从2013年12月至2014年年底,钢材日均产量同比增速从10.3%降为6.4%,水泥从10.8%降为-1.4%,乙烯从15.1%降为6.4%,发电量从8.3%降为1.3%。能否容忍GDP增速的进一步放缓是化解产能过剩矛盾的关键。

与此同时,在"一带一路""长江经济带""京津冀一体化"等区域战略的引导下,产业跨区域转移步伐加速。2014年1~11月,规模以上工业增加值中部地区、西部地区分别增长8.5%、10.6%,比东部地区高了0.5%和2.6%,分别较上年同期增长0.1个和0.2个百分点。

二、我国产业发展面临的突出问题

(一)粮食持续增产压力加大,农业可持续生产能力堪忧

2014年,我国粮食产量成功实现"十一连增",但粮食产量的增加主要是国家粮食生产刺激政策的结果。目前的粮食库存消费比为40%,远超国际公认的17%~18%的安全水平,如此之高的库存消费比意味着大量生产出来的粮食消费不了,表明谷物类粮食已经供过于求。但国家仍不断强化粮食生产刺激政策,对主产区和农业部门实行粮食产量政绩考核,导致耕地和水等农业资源过度消耗,农业生态系统遭到破坏,持续生产能力堪忧。例如,华北地区主要靠打井灌溉种粮,地下水长期超采,水位持续下降;随着近年来北方旱情逐渐常态化,地下水超采状况会更加恶化。同时,耕地的污染问题也十分突出,全国土壤总超标率为16.1%,耕地土壤点位超标率为19.4%,其中轻微、轻度、中度和重度污染点位比例分别为13.75%、2.8%、1.8%和1.1%,主要污染物为镉、镍、铜、砷、汞、铅、滴滴涕和多环芳烃。2014年农业部发布的《关于全国耕地质量等级情况的公报》显示,质量最差的七至

十等耕地面积5.1亿亩,占全国耕地总面积的27.9%,亟须提升耕地质量水平。

(二)产业发展青黄不接,新成长动力不足等问题较为突出

2014年以来,在深化改革、化解产能过剩、加工贸易转型、技术改造加快等因素的作用下,我国传统产业结构调整步伐加快,部分产能过剩行业、低附加值产品比重降低,结构调整取得新进展。但在旧增长动力逐步衰减、新成长动力孕育的过程中,短期内还难以形成像房地产、汽车等传统引擎的拉动力,产业发展出现青黄不接的现象。如果新技术、新业态、新服务等新成长动力不能加速发展,我国产业保持平稳增长将面临更加严峻的威胁。

具体表现为:一方面,高技术制造业投资增速持续低迷、出口步入中低速增长通道,对产业结构调整的带动作用有待加强。2014年前三季度,规模以上高技术制造业完成投资1.25万亿元,同比增长12.07%,比制造业完成投资增速低1.77个百分点。从出口来看,2014年前三季度规模以上高技术制造业出口交货值3.77万亿元,同比增长5.1%,增速低于工业平均水平1.31个百分点。这一轮出口疲软呈现持续周期长、降幅平稳等特点,预示着高技术产品出口已经进入中低速增长通道。

另一方面,服务业内部结构不合理,养老、健康、电子商务、生产性服务等新兴服务业发展仍滞后于结构升级的要求。虽然从三次产业结构来看,2014年我国服务业增加值占国内生产总值比重持续攀升,但服务业增速仍有所放缓,特别是养老、健康、文化创意、互联网金融等新兴服务业受体制机制等因素制约供给不足,生产性服务业发展相对滞后、发展水平不高、结构不合理等方面的问题仍然较为突出,现代服务业发展仍滞后于结构升级的要求。

(三)去产能化的任务仍然比较繁重,可能引发的潜在风险逐步显现

自2013年以来,政府将化解产能过剩工作放到了突出位置,通过加大结构调整、积极扩大需求、淘汰落后产能、转移转化产能等多种途径化解过剩产能。目前,我国产能过剩问题有所化解,但尚未得到根本性解决,特别是结构性产能过剩问题非常突出,去产能的任务仍然较为繁重。数据显示,

2014年前三季度我国工业产能利用率为78.4%,仍处于近四年以来较低的水平。产能过剩领域除传统的钢铁、水泥、电解铝、平板玻璃、船舶等行业,也波及风电、光伏等新兴产业领域。

总体来看,有效需求不足和产能过剩问题,已成为影响工业经济平稳运行的突出矛盾,由此带来的潜在风险也在加大。

一是加大了传统产业转型升级的难度。产能过剩和库存积压会出现恶性价格竞争,造成钢铁、石化、船舶等行业盈利困难,企业无力进行技术创新和产业升级,使得产业转型升级的步伐不得不放缓,结构性矛盾更为突出。

二是集聚了金融风险。由于绝大多数产能过剩行业都属于资本密集型行业,前几年大规模集中投资意味着现在处于大规模集中还贷期,导致目前产能过剩行业的资产负债率普遍较高,并且处于上升趋势。如石油、化学纤维、钢铁、有色等行业的资产负债率均在60%以上,高于工业平均水平。在资产负债率上升和利润率下降的双重作用下,部分产能过剩行业财务压力显著增大,一旦资不抵债,可能引发系统性金融风险。

三是削弱了地方财政收入增长。这可能引发一定的社会风险。钢铁、有色金属、石化等过剩行业往往是地方的主导产业,也是地方税收的主要来源,淘汰落后产能后,由于没有形成接续产业,地方税收将会减少。此外,一些企业的关闭破产必然带来职工下岗失业和转移安置问题,给社会稳定带来隐患。

三、我国产业结构演变的阶段性特征

上世纪70年代末期,中国实行改革开放,极大地释放了企业和民众的内在活力和地方政府发展经济的积极性,国民经济得到快速发展,人民生活也得到了较大幅度的改善。在此过程中,伴随经济总量的高速增长和发展水平的不断提高,决定产业发展的需求和供给条件发生了重要变化,产业结构也在发生显著变化,并具有明显的阶段性特点。

中国产业结构的演变是在经历了改革开放以前比较特殊的工业化过程的基础上进行的。改革开放以前,中国实行中央集权控制的计划经济体制以抑制消费和以农补工、以轻(工业)补重(工业)的强制性积累方式,推行重工业优先的发展战略,使中国从一个工业化十分落后的农业国较快地步入了工业化国家行列,也使得中国经济中工业比重,主要是重工业比重远远超过相同经济发展水平的国家。起始于上世纪70年代末的改革开放,使得中国在经济体制、发展目标和工业化战略等方面发生了较大的变化,并积极发挥比较优势参与国际分工,推动了经济的高速增长。与之相伴,产业结构发生了显著的变化,基本上可以分为以下三个阶段:一是在改革开放初期短暂的"拨乱反正"(非正常变化)时期,二是上世纪80年代中后期以轻工业为主导的时期,三是上世纪90年代以来的以重工业为主导的时期。

(一)改革开放初至上世纪80年代中期产业结构的"拨乱反正"

改革开放至上世纪80年代中期,是中国产业结构的"拨乱反正"时期。在这一时期,一是扭转改革开放以前过分强调积累、抑制消费和以农(业)补工(业)的做法,着力补消费不足的课,重点解决吃穿问题。二是改变过去重工业内部循环过强的状况,增强重工业为轻工业服务的功能。由此也带来了中国产业结构的非正常变化,即产业结构变化与一般工业化国家逆向变化的特征。

首先是农村率先改革,农业得到较快发展。第一产业占国内生产总值比重由1978年的28.2%上升到1984年的32.1%;第三产业比重也略有提高,由23.9%升到24.8%;而第二产业由47.9%降至43.1%。由于改革开放激活了农村劳动力的活力,农业劳动生产率得到较快提高,农业剩余劳动力也开始大规模向非农产业转移。第一产业就业比重由1978年的70.5%,迅速下降到1984年的64.0%。

其次是扭转过去过分强调积累、忽视生活的政策,鼓励发展满足消费需求的轻工业。消费率由1978年的62.1%,上升到1980~1984年的平均为66.0%。由此带动以满足基本生活需求的轻工业高速增长。轻工业总产值增长速度为12.0%,比重工业高出2.4个百分点。工业总产值中轻工业所占比重由1978年的43.1%提高到1984年的47.4%,提高了4.3个百分点。

(二)上世纪80年代中期至90年代初期的轻工业化阶段

由于改革开放激发了企业的活力,生产水平提高,使得居民收入水平也得到了较快增长,消费升级成为这一时期推动经济增长和产业结构变化的主要推动力,中国产业结构变化也进入正常轨道,并呈现出初步升级的特征。

一是从三次产业来看,第一产业占 GDP 比重快速下降,第二产业基本稳定,第三产业比重大幅度上升。第一产业占 GDP 比重从 1984 年的 32.1% 下降到 1990 年的 27.1%。80 年代中期,人民生活基本解决了温饱问题,但就业压力和第三产业发展不足的矛盾日益突出,第三产业成为发展重点。第三产业比重从 1984 年的 24.8% 提高到 1990 年的 31.6%,是改革开放以来第三产业比重上升最快的时期。就业结构中,1990 年第一产业就业比重下降到 60.1%,比 1984 年下降 3.9 个百分点;第二、三产业就业比重达到 21.4% 和 18.5%,分别比 1984 年提高 1.5 个百分点和 2.4 个百分点。

二是尽管工业在 GDP 中所占比重变动不大,但内部结构变动明显。人们需求从满足吃穿转向对用的追求,城镇居民家庭人均消费支出中家庭设备用品及服务所占比重由 1985 年的 8.6% 提高到 1990 年的 10.14%,主要是手表、缝纫机、自行车、电风扇、收录机、电视机、照相机等百元级产品进入家庭。上述变化使得轻工业在保持快速增长的同时,其内部结构升级加快,主要是以满足吃穿为主的、以农产品为原料的轻工业增长速度减缓,而以满足用的需求的、以非农产品为原料的轻工业领先增长。

(三)上世纪 90 年代以来产业结构的高级化和重工业化

20 世纪 90 年代以来,中国经济增长动力发生了重要变化,消费对经济增长的拉动作用显著下降,投资成为经济增长的主要带动因素。消费率从 1979—1984 年的 66% 和 1985—1990 年的 64.2%,下降到 1991—2000 年的 60.2%,2001 年以后更是下降到 51.8%;消费对 GDP 增长的贡献从 2000 年以前的高于 60%,到 2001 年以后的只有 42.2%。相反,投资率由 1979—1990 年平均 35.2% 提高到 90 年代以来平均 38.9%。进入新世纪以来,中国投资率高达 42.3%,投资对经济增长的贡献由 90 年代以前的 34.1%,上升到 90 年代的 35.4% 和新世纪的 52.6%;相反,消费对经济增长的贡献由 1979—1984 年的 69.4% 下降到 90 年代的 62.2% 和 2001—2010 年的 52.9%;由于发挥比较优势扩大对外开放,参与国际分工程度加深,净出口的贡献率也有较大幅度提高。

经济增长动力的变化带动了产业结构的快速变化。

第一,从产业结构来看,第一产业在 GDP 中所占比重从 1990 年的 27.1% 下降到 2010 年的 10.1%,而第二、三产业则分别上升 5.5 个百分点和 11.5 个百分点,达到 46.8% 和 43.1%;其中,第三产业比重在 90 年代上升尤为明显。从就业结构来看,第三产业成为吸纳就业的主导力量,第二产业在经历了 90 年代就业比重下降后,新世纪就业比重上升。

第二,投资率上升和消费升级带动重工业的高速增长。固定资产投资和住房、交通通信需求带动的主要是重工业。投资需求主要对能源原材料产生很大的拉动作用,与此相应,受投资带动,原材料型的重化工化趋势也十分明显。2009 年,重工业在规模以上企业工业总产值中的比重高达 70.55%,比 1990 年高出 20 个百分点。其中,能源、原材料工业(含采掘)所占比重由 40.5% 提高到 42.4%,机械电子所占比重由 20.8% 提高到 22.8%,而轻加工业所占比重则由 34.6% 下降到 15.7%,主要是满足人们基本生活需求的食品、纺织和烟草的地位迅速下降。

第三,第三产业经过 20 世纪 90 年代的较快发展,进入新世纪后与 GDP 保持同步态势,比重变化不大。与此同时,在第三产业内部,交通运输、仓储和邮政业,批发和零售业,住宿和餐饮业,金融业等流通型行业比重下降,而科学研究,技术服务,地质勘查业,水利、环境和公共设施管理业,教育,卫生、社会保障和社会福利业,文化、体育和娱乐业等行业的比重上升。

总的来看,经过改革开放以来 30 多年的发展,中国工业化、城市化持续推进,经济取得了举世瞩目的高速增长,人民生活水平得到了较大提高,产业结构也相应发生了较大变化。经历了改革开放初期产业结构的"拨乱反正",20 世纪 80 年代中期至 90 年代初期的以轻工业增长为主导的产业结构初步升级,20 世纪 90 年代以来产业结构的再次重工业化阶段。

四、我国产业结构存在的主要问题及其成因

(一)我国产业结构存在的主要问题

产业结构升级是指产业结构中产业由低层次向高层次的转换过程,通常包括第一、第二、第三产业比重交替变化,劳动密集型、资本密集型、技术密集型产业之间依次演变。其核心是产业结构向着具有较高生产率、较快

需求增长、以更高级技术为基础的产业群转移,最终表现为总体生产率的提高和国际贸易条件的改善。而评价产业结构好坏的标准,应该从产业结构的生产率特征和社会影响来考察,具体来说应该从资源配置效应、环境效应、分配效应等方面来评价。在资源配置方面,看是否实现了生产率高的部门有更高的增长和生产要素从生产率低的部门向生产率高的部门的转移;在环境效应方面,看经济的发展是环境友好型还是透支环境来实现;在分配效应方面,看是否有利于国民收入的提高和国际贸易条件的改善。

从过去的一段时期来看,我国产业结构在保证了经济快速增长的同时,也存在突出的问题,并对未来发展形成制约。主要是产能过剩严重、服务业发展滞后、国际分工固化在价值链低端,导致分配效应不理想,环境问题比较突出。

第一,长期依靠投资规模扩张和固化在加工制造环节导致产能过剩问题突出。我国制造业产能过剩呈现出涉及行业多、范围广的局面,不仅是钢铁、水泥、汽车等行业产能扩张与过剩矛盾突出,即使是新兴产业也呈现低端产能快速扩张的特征。

第二,服务业发展滞后。过度依赖于加工制造环节,而有限的分工深化细化所产生的对研发、设计、营销、供应链管理等生产性服务业的需求又对外依赖,导致生产性服务业发展滞后;同时,产业链高端环节的缺失和过度依赖价格竞争,使得国民收入水平难以提高,制约了生活服务业的发展。当前,我国服务业占GDP和就业的比重不仅低于发达国家,也明显低于同等收入的发展中国家。

第二,在国际分工中固化在价值链低端,企业之间主要依靠价格竞争,还使得价格贸易条件和要素贸易条件恶化,贸易摩擦加剧。我国对外贸易的增长完全靠数量增加来体现,由此虽然实现了收入贸易条件的改善,但其对社会福利的带动很有限。一方面,通过控制技术、品牌、供应链管理和营销渠道,再加上我国对外资企业的税收优惠和外资利用价格转移,外资获得了参与全球分工的主要利益。另一方面,我国出口高速增长,有相当一部分是建立在过度使用资源、恶化环境和牺牲劳动者福利基础之上的。与此同时,我国遭遇国外贸易救济调查数量已经连续十多年位列第一,尤其是国际金融危机以后,国际上贸易保护倾向加强,针对我国的贸易摩擦增多。

第四,资源、环境问题达到了难以为继的地步。我国煤炭、铁矿石和铝土矿等资源消费量已分别占全球的48%、55%和40%,原油、铝土矿对外依存度超过50%,铁矿石、铜精矿超过60%。2000—2011年,我国资源环境损耗占国民收入的比重由5.3%上升到8.4%。全国各地雾霾天气频繁出现,波及范围不断扩大,影响程度日益加深,各地水体和土壤污染累积性负面效应不断显现。

(二)产业结构问题根本上是体制机制问题

探究形成我国产业结构矛盾和问题的原因,既有发展阶段的因素,也有全球分工模式变化的原因,而体制因素则是其深层原因。

一是源于工业化阶段。我国处于工业化、城市化的加速推进阶段,住房、汽车所带动的消费结构升级,加大了对能源、资源密集型产业的需求。尤其是我们希望在短时期内实现赶超,人为加快工业化进程,加剧了这一矛盾。发达国家在工业化过程中,也曾遇到资源、环境的压力,以至于罗马俱乐部在20世纪70年代初提出了"均衡增长"甚至"零增长"的主张。基本完成工业化以后,依靠技术进步、结构调整和产业转移,才使得发达国家成功地摆脱了资源、环境的压力,实现了以要素投入为主向依靠技术和知识等软投入为主的转型。

二是源于全球范围内产业分工模式变化和我国对加工贸易的过度依赖。20世纪90年代以来,随着信息技术和交通运输业的发展,全球分工不断深化,产品生产按照技术复杂程度被拆分为多个独立的节点在全球进行布局。发达国家将重点放到研发设计、品牌和营销渠道等高附加值环节,而韩国、中国台湾等比较发达的国家或地区主要承担关键部件和设备的生产,我国等发展中国家则主要承担劳动密集型环节或部件的加工生产。加工制造环节由于进入门槛低,因而产能扩张很快。

三是源于片面追求GDP增长的体制机制环境。财政分灶吃饭和以增值税为主、消费税从生产环节征收的财税体制,刺激了地方发展工业的积极性。再加上政绩考核体系还不尽科学合理,GDP成为事实上的政绩考核目标,而在教育、医疗卫生、就业、社会保障、环保、生态和公共安全等公共服务和社会管理方面的考核和约束不足,很多地方政府人为降低土地、环境、人工成本和影响信贷,甚至不惜用零地价和财政补贴等方式来吸引投资,盲目发展对经济增长拉动明显而对资源环境影响大的重化工业。扭曲的资源和要素价格与环境的低约束,强化了要素密集型和粗放型增长,造成了对资源和生产要素的过度需求和浪费。我国对出口的过度鼓励和对比较优势的过度发挥,固化在价值链低端,也加剧了产能过剩和资源环境问题,使得产业盈利能力越来越弱。与此同时,整个社会可以接受对建厂、购买设备等看得见的实物投资失误,而对研发、服务能力建设、品牌培育等软性资本投资支持和失败的容忍度却很低,服务业的行政垄断、市场准入和对服务消费包容性不足等问题也十分突出,对服务业发展形成制约。

五、"十三五"时期我国产业结构的变化趋势

随着我国供需条件和比较优势的变化,结合国际趋势,未来一段时期,我国产业结构将会呈现比较明显的经济服务化和制造业高加工度化特征。

(一)国民经济的服务化

"十三五"时期,我国服务业将呈现加快发展的态势。无论是满足消费需求的生活性服务业还是满足生产需求的生产性服务业,都将达到比较快的增长速度。随着消费需求的服务化和生产的服务化,制成品在国内总需求中所占比重将趋于下降,服务业成为经济增长的主导。

第一,从消费角度来看,随着人们从满足"生存"需要,转向满足"发展和享受"需要提出的要求,城乡居民对教育、文化、娱乐休闲、旅游、医疗保健以及住房、出行条件等生活服务的需求越来越迫切,人们消费支出中用于提高生活方便程度和生活质量、以非实物消费为主的服务消费支出所占比重越来越高。按收入分组的我国城镇居民消费结构变化趋势就充分揭示了这一特征,从中等偏上收入开始,服务取代食品成为最大消费支出项目。

第二,从生产经营角度来看,全球制造业与服务业正呈现出相互融合的趋势,全球产业链和价值链中,服务化已成为提升制造业竞争力和制造业发展的重要方向,企业利润来源越来越多地依赖加工制造环节之外的其他环节,服务在企业活动中的地位不断提升。德勤公司研究报告《基于全球服务业和零件管理调研》表明,在其调查的80家著名制造企业中,服务收入占销

售收入的平均值超过25%，有19%的制造业公司的服务收入超过总收入的50%。虽然研发、设计、营销、物流、供应链管理、人力资源管理、财务管理等有助于提升价值链的环节有可能在制造企业内部完成，但通过分工深化，呈现出越来越强的独立化和社会化趋势。

（二）工业中高加工度和技术密集型产业比重上升

经过过去长期的工业化积累，我国成为"世界工厂"，无论是制造业规模还是技术水平都得到显著提高，其未来发展趋向将沿着两条路径演进。一是随着比较优势的提升，强化研发设计能力，进一步提高制造业的技术水平，着力从要素驱动向技术及创新驱动转变，形成"中国智造"和"中国创造"，密集技术要素和加工层次比较多的如机械装备、电子、生物医药等高加工度和技术密集型产业所占比重将显著上升，而简单劳动密集和资源密集型工业比重趋于下降。二是通过构建营销网络，着力提升销售和品牌环节的竞争能力，充分发挥既有的加工制造能力，通过高质量产品和良好的服务，形成"中国品牌"，获取更大的市场规模和利益。

第一，具有技术、知识密集、高附加值、高加工度特征的高技术产业和先进装备制造业将会由以组装为主向以自主研发制造为主转变。关键是要通过强化研发、设计能力，提高配套能力，提高基础工艺、基础材料、基础元器件研发和系统集成水平，促进细分市场、专门化分工和集群发展。

第二，由于快速城镇化带动，中近期原材料型重化工业还有一定的增长空间，但增速明显放缓。调整产品结构，抓好节能减排和资源保障、物流保障，通过技术和工艺创新，着力发展新材料、延伸产业链、推进深加工成为原材料型重化工业竞争的关键。其发展将从单纯提供产品到为客户定制服务和提供技术、工程等工业服务，以提高附加值；通过技术改造、节能降耗、提高资源综合开发利用水平，以实现清洁化生产、发展循环经济、实现可持续发展；整合资源、优化布局，推进联合化、集团化、集群化发展，以提高综合竞争力。

第三，消费品工业仍然是我国参与国际分工的重点领域，关键是着力提升分工地位。其竞争重点将转向通过强化设计和新产品研发，着力培育自主品牌和打造营销网络，由单纯加工制造向设计、研发、品牌、服务等价值链中高端延伸,提升劳动生产率和经济效益。

（三）向价值链中高端提升与融入全球化延长生命周期

随着我国构建开放型经济新体制的逐步展开,我国将从以吸引外资为导向向以参与全球要素优化配置为目标的国际分工转变。一是进一步向价值链中高端环节攀升。我国企业将沿着简单组装、辅助零部件制造、一般和重要零部件制造、高级组装和核心零部件制造、上游的研发设计和下游的流通营销等高端环节发展,不断提高国际分工水平。二是对外投资延长产品生命周期。在发展中国家投资建设加工组装基地,整合利用其低端要素的成本优势,转移国内已经失去或即将失去比较优势的产业。在具有一定技术积累的国家选择零部件供应商,整合利用其技术成熟、管理完善的效率优势。在发展水平更高的国家,通过投资其科研机构或技术公司、并购目标企业或合资建厂等多种方式,整合利用其市场领先、创新资源丰富的优势,解决我国产业升级急缺的高端要素问题。

（四）农业现代化和功能化趋势

我国已经形成了粮食等重要农产品稳定的生产能力,但随着人工和生产资料费用的上升,农产品成本呈现不断上升趋势。随着城乡居民收入水平的提高、健康意识和生态环境保护意识的增强,食品安全问题日趋紧迫;同时,农业除了提供产品功能之外,还被赋予了生态和休闲等新的功能。

一是以稳步提高粮食生产能力为重点,切实保护好耕地,加快农村土地整理复垦,加强农村基础设施和基本农田改造,增加高产稳产农田比重。积极调整农业结构,大力扶持油料生产,促进优势产区集中发展棉花、糖料等大宗产品;扩大无公害食品、绿色食品、有机食品等优质农产品的生产和供应,提高农产品质量安全水平。

二是提高农业现代化水平,保障农产品质量。大力推进农业科技自主创新,健全农业技术推广体系,发展现代种植业,加快农业机械化。完善农产品的检验检测、安全监测及质量认证体系,推行农产品原产地标识制度。加强农村信息基础设施建设,提高信息服务质量和水平,健全农产品市场体系和农业支持保护体系。积极发展农业保险,建立健全重要农产品的期货市场,完善农产品价格形成机制,完善农村流通体系,推进农产品批发市场建设和改造。促进农产品质量等级化、包装规格化;建设现代粮食物流体系和鲜活农产品物流系统。按照"上市有检测、销售有标志、产品有追溯、监管有制度"的原则,实施产地、质量检测等信息的可追溯制度,确保农产品质量安全。

三是加快发展生态休闲观光农业,完善农业生态功能。推进重金属污染地区土壤修复与治理,加快低碳农业技术研发及应用。促进农业向生态友好型方向发展。

六、我国产业结构的演变升级战略方向

产业结构演变升级过程既是市场选择的过程,也是政府有效引导的过程。其核心是生产率的不断上升,产业结构向着具有较高生产率、较快需求增长的以更高级技术为基础的产业群转移,最终表现为人们收入水平的提高和国际贸易条件的改善。其根本动力来自于通过不断的创新以满足需求的变化,其最有效的方式是发挥企业的主体地位和市场在资源配置中的决定性作用,政府则侧重于弥补市场失效和根据国家意志对一些战略性产业的战略性介入的引导。

"十三五"时期,新阶段产业结构升级的战略方向,就是以追求更高增长质量和效益为核心,由要素驱动向创新驱动转换,由价格竞争向质量、技术、品牌、服务竞争提升,由高碳模式向低碳模式转型,推动我国产业由价值链低端向中高端跃升,实现创新发展、高效发展、绿色发展。产业结构调整优化的基本形态特征是经济服务化、工业新型化、发展低碳化;实现途径是通过打造公平竞争环境,以培育新的比较优势和体制机制创新,主攻研发、设计、营销、品牌培育、专门化分工等制约产业结构转型升级的产业链、价值链关键环节;实现标志是摆脱能源、资源和环境的制约,摆脱同化在加工制造低端的状况,推动经济增长由要素驱动向效率驱动和创新驱动转变,由高碳型生产模式和消费模式向低碳化模式转变,由主要提供制造产品向提升价值转变,由制造经济向服务经济转型发展,由产业链和价值链低端向中高端发展。

（一）打造公平竞争的市场环境，建立与服务型经济、创新型经济相适应的体制机制

产业结构调整变化的根本动力来自于充分发挥市场在配置资源方面的决定性作用。这就要保证各种所有制经济平等使用生产资料，公平参与竞争，同等受到法律保护。市场经济条件下政府的职责，首先是建立和贯彻公平竞争的游戏规则。政府职能的错位、越位和缺位，是目前在建立公平竞争的市场环境方面最突出的问题。一是"政府失效"，从而引发破坏市场经济秩序的行为，包括各种行业垄断、行政垄断、地方保护下的分割市场、缺乏诚信行为、工程招标中的暗箱操作、各种乱摊派和乱收费等。二是政府职能改革滞后，在市场经济体制条件下应由政府发挥的作用没有发挥好。例如，建立健全合理的收入分配制度、社会保障制度、就业制度，提供必要的公共服务方面。创造和维护公平竞争的市场环境，管理规范化、标准化、精细化、公开化成为建立与市场经济相适应的政府职能转变的重点。

与此同时，我国面临着的诸多结构性矛盾，如投资与消费的关系、内外需关系、三次产业之间关系失调，经济发展与能源、资源、环境的矛盾等，它们之间有着紧密的内在联系，并在很大程度上根源于我国的政府主导型投资，建立起了与要素驱动和工业扩张相适应的体制机制，而与创新驱动和服务业发展相适应的制度缺失。未来产业结构优化升级除了坚定市场在资源配置中的决定性作用外，还要求强化知识产权保护、信用体系建设和提高宏观监管水平等制度创新，建立起有利于激发创新热情和与服务业发展相适应的体制机制。

（二）突破关键环节，着力强化产业链和价值链两端

要摆脱当前严重的产能过剩和能源、资源环境的制约，就必须改变产业链中"中间大、两头小"的状况，着力建立有利于创新驱动和服务提升的体制机制，支持培育和发展对能源、资源消耗小以及环境污染轻和对价值提升作用突出的市场调研、研发、设计、营销、供应链管理、品牌和专业化服务等关键环节，支持开发和发展拥有自主知识产权、自有品牌的产品。通过市场引导和政策支持，提高制造企业的研发、设计和加工制造水平，突破关键设备、关键部件、关键原材料的制约，强化加工制造环节的核心竞争能力；同时，着

力向研发、设计、营销、供应链管理、品牌和专业化服务等价值链两端的关键环节延伸,促进向产业链高端发展,增加在全球产业链中高附加值产品和环节的比重。

(三)推进制度创新和理念更新,加快服务经济的发展

随着人们社会的社会进步和生活水平的提高,人们的消费重心由追求财富的增长转向更加注重生活质量的提高和生活环境的改善,由以物质消费和实物消费为主转变为以服务消费为主。在生产领域,随着产业融合、分工深化细化,以及竞争重点由价格竞争转向产品质量、服务和多样化,生产性服务业将会得到快速发展,由此决定了未来服务业将成为经济增长的主导。不同于制造业主要处理人与物的关系,服务业涉及人与人的关系,更加依赖差异化、价值多元化和社会诚信。"十三五"时期必须着力解决我国服务业发展面临的体制机制不完善、评价体系和诚信体系缺乏、对多层次服务消费包容性差等诸多问题,建立有利于服务业发展的体制机制,扫清阻碍服务业发展的制度障碍和政策障碍,促进服务业加快发展。

(四)优化环境,着力推动由以价格竞争为主向以非价格竞争为主的转变

对单个企业而言,采取什么样的竞争战略,这是微观问题。但如果绝大多数企业主要依靠价格竞争,并带来能源资源环境和恶化贸易条件等问题,那就演变为需要借助国家战略和相关体制与政策进行调整的宏观问题。这是因为竞争战略、发展方式和技术进步方向具有很强的路径依赖及合成谬误。为此,要重点通过强化知识产权保护、维护公平竞争、改善外部环境和政策支持,摆脱我国企业竞争战略过度依赖于追求低成本、低价格,技术进步和技术创新依赖规模化、标准化的路径,改变企业长期处于附加值和利润低下的状况,强化研发、设计、市场调研、响应速度等能力建设和无形资本投资,推动企业由以价格竞争为主向以非价格竞争为主的转变,促进满足差异性、个性化的需求,为企业提升利润、为员工提高收入创造空间,为我国产业结构优化创造条件。

（五）创新机制，着力推进由"高投入、高排放"向"高效益、低排放"的可持续、低碳化发展模式转变

当前及未来一个时期将是我国资源能源消耗强度大、环境问题最为突出的时期。与此同时，随着人民生活水平的提高，人们对环境的要求越来越高。信息化技术的应用，以及以新能源、新材料革命为主要特征的先进技术的应用，也使得工业有可能摆脱高消耗、高排放的模式，走出一条技术含量高且能源、资源消耗低的低碳模式。"十三五"时期，应着力推进深化绿色发展理念，从口号到行动不但要在产业选择、产业结构调整方面向低碳产业转变，同时，也要求在生产、流通、消费和产品回收处理全过程和全领域向低碳发展转变，建立起"高效益、低排放"的可持续、低碳化发展模式。

第二章 苏州产业转型升级的背景及实践

概 述

一、苏州产业转型升级的背景

（一）经济运行基本情况

1. 农业生产稳步发展，现代农业加快推进

苏州市以推进农业现代化工程为抓手，加快转变农业发展方式，加快建设现代农业，全面提升农业综合生产能力。2014年全市农林牧渔业总产值392.5亿元，按可比价计算比上年增长3.2%。全年粮食总产量110.46万吨，比2013年下降2.4%，其中夏粮总产量37.15万吨，增长1.8%；秋粮总产量73.31万吨，下降4.3%。农业现代化步伐加快。2014年年末全市高标准农田108.77千公顷，高标准农田比重达67%，设施农（渔）业面积46.71千公顷。

2. 工业生产低稳增长，装备制造业发展良好

2014年全市完成工业总产值3.58万亿元，比2013年增长0.2%，其中规模以上工业总产值3.06万亿元，增长0.3%。规模以上重工业产值2.27万亿元，轻工业产值0.79万亿元，分别比上年增长0.2%和0.7%。民营经济总量提升增速领先。2014年全市规模以上民营工业产值1.03万亿元，比上年增长2.1%，增幅高于规模以上工业1.8个百分点，占规模以上工业产值的比重达33.8%，比上年提高0.9个百分点。中小企业支撑有力。2014年全市规模以上工业中，中小企业产值比上年增长4.8%，高于规模以上工业增速4.5个百分点，拉动规模以上工业产值增长2.1个百分点。装备制造业发展势头较好。全市装备制造业实现工业产值0.73万亿元,比上年增长7.0%,高于规模以上工业6.7个百分点,其中铁路、船舶、航空航天和其他运输设备制造业、仪器仪表制造业、汽车制造业三个行业产值分别增长19.2%、15.7%和14.1%。

3. 服务经济加速发展,集聚效应日益显现

金融服务、总部经济、服务外包、文化创意等现代服务业快速发展,交通运输和商贸服务创新经营模式,公共服务业提升功能,服务业和制造业联动发展趋势增强。2014年,全市实现服务业增加值6499亿元,比上年增长11.1%,服务业增加值占地区生产总值的比重提高到47.2%。现代物流加速发展。全年苏州港完成货物吞吐量4.8亿吨,集装箱运量445万标箱。旅游市场继续活跃。全年实现旅游总收入1698亿元,比上年增长11.5%。服务业呈现集聚发展态势,2014年年末省、市级服务业集聚区达到74个。

(二)经济结构调整的"新型态"

2014年苏州市产业转型升级始终紧扣科学发展主题和转变经济发展方式主线,突出经济发展和社会进步和谐共进,推动"三区三城"建设和率先基本实现现代化取得了新的进展。围绕从"苏州制造"向"苏州创造"提升的目标,苏州市加快产业转型,加快提升产业竞争力,促进一般简单加工向产业链高端环节提升,加快自主品牌和自主知识产权的培育,促进生产型经济向服务型经济提升。以"绿色、低碳"为导向,优先培育和发展战略性新兴产业。据了解,苏州市新兴产业涉及31个行业大类,294个行业小类,已覆盖制造业行业的65.8%。苏州市拥有国家高新技术企业2502家,占全省的三分之一。

为了更好地推动产业结构优化升级,加快构建现代产业体系,发展具有国际先进水平的新产业制高点,目前苏州市的生物技术和新医药、节能环保、高端装备制造以及集成电路产业已经显示出较强的行业成长性。同时,抓住国际服务业加快转移的重大契机,加快制造业分离现代服务业的步伐,金融、现代物流、商务服务、软件与服务外包、科技和信息服务等现代服务业加快发展,文化、旅游、商贸等消费性服务业的发展规模和水平迈上新台阶。

一是新兴产业成新增长点。2014年全市制造业新兴产业产值14543亿元,比上年增长6.4%,占规模以上工业产值的比重达47.5%,比上年末提高 2.1 个百分点。新能源、生物技术和新医药、集成电路行业产值分别增长 12.8%、16.7% 和 10.1%，高于规模以上工业产值平均增长速度。新兴产业对规模以上工业利税增长的贡献达 55.3%。

二是先进制造业稳定发展。尽管电子、钢铁两大传统主导行业发展放缓，但汽车制造业、仪器仪表业等装备制造业以及化工行业仍保持两位数以上增长，尤其是作为资本和技术密集型的装备制造业已成为苏州工业经济第二大支柱行业。经测算，苏州制造业中劳动密集型产业的比重由 2006 年的 25% 左右下降至目前的 19%，而资本和技术密集型行业占比相应提高 6 个百分点。

三是服务业经济发展加速。2014 年，全市服务业增加值比上年增长 11.1%，分别高于地区生产总值和工业增加值增速 2.8 和 4.9 个百分点，服务业占地区生产总值的比重达 47.2%，比上年提高 1.5 个百分点。生产性服务业和高端服务加快发展。信息传输、计算机服务和软件业税收增长 16.1%；交通运输、仓储和邮政业税收增长 16.5%；商务服务业、科技服务业税收增长均超过 17%；资本市场服务业税收增长 59.1%。

（三）产业转型升级规划

围绕提升产业竞争力的目标，坚持新型工业化道路，着力建设以现代经济为特征的高端产业城市，促进"苏州制造"向"苏州创造"提升、生产型经济向服务型经济转变，加快形成"三二一"的产业结构。

1. 跨越发展生产性服务业

鼓励制造业分离现代服务业，重点发展金融、现代物流、商务服务、软件与服务外包、科技和信息服务等产业，做大做强生产性服务业。加快地方法人金融机构建设，推进金融创新，打造银、证、保等专业金融机构集聚区，股权投资、产业投资等新型金融机构集聚区，上市公司集聚区，金融服务外包集聚区，形成与上海国际金融中心互补的功能性金融中心。依托苏州港等物流枢纽，发挥综合保税区、保税港区和"港区联动"的综合功能，重点培育一批物流园区、专业物流中心和现代物流龙头企业，建设长三角重要的现代物流枢纽城市。推进苏州工业园区城市 CBD、昆山花桥国际商务城等商务服务集聚区建设，加快发展总部经济。引导法律服务、会计审计、咨询评估、广告和会展等行业的创新发展，培育一批本土商务服务企业和总部型企业集团。以国家级服务外包示范基地和中国金融 BPO 示范区为抓手,加快发展软件开发、生物医药、检测认证、研发设计、动漫创意、供应链管理、金融后台等服务外包业态,培育壮大一批服务外包企业,塑造"苏州服务"品牌。加快建设和高效运营一批科技企业孵化器、公共技术服务平台和重大研发机构,鼓励科技服务行业专业化发展。

2. 提升发展消费性服务业

把扩大消费作为扩大内需的重要战略,积极适应国内消费结构升级的新变化,进一步提升旅游、商贸、房地产等消费性服务业的发展规模和水平。紧抓后世博发展机遇,全面实施旅游业提升计划,加强城乡旅游服务设施建设,巩固扩大苏州古典园林品牌效应,重点培育古城古镇古村文化深度游、新城浪漫时尚游、太湖阳澄湖生态休闲游三大品牌,建设古城、太湖、中部、沿江四大旅游集聚区,把苏州打造成国际著名旅游目的地、世界一流旅游名城。深入实施商业网点布局规划,优化商业层级,形成城市核心商业区、副商业中心和社区便利商业网点的合理布局。加快中心城区商业发展,大力开拓农村市场,增强各类市场的辐射功能,建设长三角地区重要的商贸中心城市、江苏省商贸大市。优化商品房结构,大力发展成品住宅,增加商业房地产供应,引导理性消费,促进房地产业稳健发展。

3. 创新发展公共服务业

以完善城乡公共服务体系为切入点,发展壮大公共服务产业。放宽市场准入,引入竞争机制,加大教育、文化、广播电视、医疗卫生、社会养老、体育等社会事业领域的市场化投入,实现投资主体多元化。积极开展多层次非学历教育培训,建设一批职业技能教育培训基地,加快发展教育培训业。鼓励、引导民营医院、民办养老护理机构的发展,促进医疗服务、养老服务的多样化。积极拓展体育消费市场,形成较为完善的体育健身产业体系。创新社区服务内容和方式,大力发展家政服务、养老托幼、住院陪护、维修保洁、社区保安、废旧物品回收等便民服务,促进社区服务业向产业化、社会化、专业化方向发展。

4. 培育壮大战略性新兴产业

紧盯国内外产业发展新趋势,以"绿色、低碳"为导向,集中力量、集中资源、集中政策,加快培育发展以重大技术突破、重大市场需求为基础的新能源、新材料、生物技术和新医药、节能环保、新一代信息技术、高端装备等战略性新兴产业,推动产业结构优化升级。严格市场准入,强化规划引导,实施重大产业创新发展工程,鼓励新兴产业集聚发展,打造一批以张家港现代装备制造基地、常熟汽车零部件产业园、太仓生物医药产业园、昆山光电产业基地、吴江光电缆基地、苏州工业园区纳米技术创新及产业化基地、苏州高新区新能源科技产业园、吴中药港、苏州(中国)汽车零部件产业园等为代表的新兴产业发展载体。加大政策支持,组织实施重大应用示范工程,培育一批拥有核心技术和前沿技术的纳米材料及制品、新型医疗器械、太阳能与风能发电装备、新能源汽车、新型显示材料与器件、光纤和传感器、智能输配用电设备、重型装备与工程机械等优势产业链和行业骨干企业。

5. 改造提升优势主导产业

以调高、调优、调强为取向,鼓励科技创新、品牌建设、兼并重组和腾换发展,加快淘汰落后工艺技术和生产设备,着力提升电子信息、装备制造、纺织服装、冶金、轻工和石化等主导产业的发展水平。积极运用高新技术和先进装备改造提升传统优势产业,加大技术改造力度,提高劳动生产率,降低资源消耗水平,创建一批新型工业化示范基地。促进信息化与工业化融合发展,推动信息技术在制造领域的广泛应用,提升信息化带动能力。鼓励开发"名特优新"产品、深加工产品和安全环保产品,提高产品附加值,创建优质产品生产示范区。

6. 积极发展现代高效农业

坚持农业"生态、生产、生活、生物"的功能定位,大力发展设施农业、精准农业、有机农业、休闲农业、都市农业等现代高效农业,提升农业发展水平。完善农业发展空间布局,加强现代化标准农田建设,落实水稻生产永久性保护面积。稳定农村基本经营制度,多渠道有序推进土地使用权流转,按照"合作化、农场化、园区化"的发展思路,推进现代农业的规模化经营。加强农业社会化服务体系建设,发展壮大农民专业合作组织,培育现代农业新型经营主体,用现代经营形式发展农业。重视农业品种的引进、开发和选育,推广测土配方、施肥用药、节水技术,用现代科学技术改造农业,提高农业科技进步贡献率。积极开发"名特优"农产品,健全农产品安全质量监控和动植物检疫防疫等新型服务体系,推进农产品深加工,提高产供销一体化程度和农产品附加值。引导农业向二、三产业拓展延伸，保护江南特色乡村风貌，积极发展休闲农业和乡村旅游。

二、苏州推进经济转型升级的主要做法

（一）把转型升级作为鲜明导向，推动全市上下主动自觉转型

苏州注重分析把握经济社会发展的阶段性特征，根据经济运行"新常态"早于全省、早于全国的实际，及时调整工作思路和发展战略，旗帜鲜明地推动全市以"壮士断腕"的气魄加快经济转型升级，逐步由过去注重投资拉动、项目推动的规模速度型转向坚持改革创新、稳中求进的质量效益型。近几年，苏州先后召开全市现代化建设暨转型升级推进会、创新引领战略暨科技奖励大会、工业转型升级推进大会、加快经济转型升级促进新兴产业发展动员大会、加快转型升级重点项目推进会、经济转型升级与历史文化传承市长国际咨询会、台资企业转型升级座谈会、非公有制经济转型升级研讨会等，形成了全市上下各行各业扎实推进经济转型升级的良好氛围。先后出台《实施创新引领战略推进科技创新工程、加快建设创新型城市的意见》《打造工业经济升级版的意见》《支持老城区加快转型升级提升发展水平的政策意见》《加快服务业发展的若干政策意见》《开展加工贸易转型升级试点工作方案》《促进商务转型发展的若干政策措施》《建立生态补偿机制的意见》等支持相关产业和领域加快转型升级的政策文件。这些文件大多含金量高、支持力度大，着眼点都在于产业层次转得更高、城市功能转得更强、生态环境转得更优、民生福祉转得更实在、体制机制转得更灵活。

（二）把科技创新作为核心动力，高起点引领转型升级

一是大力建设科技创新平台载体。苏州及各辖市区科技平台载体数量多、层次高。苏州工业园区的国际科技园，聚集了微软、华为、甲骨文等9家知名跨国公司的研发机构，培育引进了国内知名CAD软件开发商——浩辰科技、国内领先的高端光模块供应商——旭创科技等，集聚各类高科技人才3.2万名。高新区医疗器械产业园已入驻80多家相关高技术企业，并与覆盖基因药物等的吴中药港一同构建了苏州生物医药和医疗器械产业强劲发展的基础。张家港沙洲湖科创园吸引了清华大学、同济大学、哈尔滨工业大

学等一批高校研发机构入驻,已发展成为一个集孵化培育、技术研发、成果转化于一体的创新创业园区。二是发挥好优秀科技创新型企业的龙头带动作用。一方面坚持引进高技术含量的外来项目,另一方面大力培育本土自主创新企业。太仓香塘集团由于较早推进转型,进入生物医药等行业,实现了从村办制鞋企业到拥有多家上市公司的华丽转身,所投国家一类新药"苏肽生",在深圳创业板市值已达 10 多亿元。常熟开关制造有限公司两次获得国家科技进步二等奖,成为国内同行业最具影响力的研发制造企业。三是突出高端科技创新人才的引进和培育。苏州实施"姑苏人才计划",成立"姑苏人才计划"服务中心和"千人计划"专家联合会,大力引进和培育一批拥有自主知识产权、掌握关键技术的高科技领军人才。

(三)把调整优化产业结构作为主攻方向,加快重点行业、企业转型升级

在实践中,苏州千方百计把工业经济从过去以传统产业为主转变为以高新技术和新兴产业为主,把产业结构从以制造业为主转变为以服务业为主。一是把大力发展新兴产业作为推进工业经济转型升级的主抓手。全市把新兴产业重大项目建设和新兴产业园区建设作为加快转型升级的战略基点,密切跟踪云计算、移动互联网、机器人、3D 打印等重大颠覆性技术发展趋势,加快培育引进相关优质项目。高新区围绕新一代电子信息、医疗器械、新能源、轨道交通等四大战略性新兴产业,聚焦技术前沿、产业高端和未来发展,创建的医疗器械产业园快速成长,被国家列入医疗器械产品应用示范工程试点。张家港以光学膜基地、LED 产业、再制造等重大项目为突破口,努力壮大新兴产业规模。太仓宝洁液洗、扬子江海工等一批重大新兴产业项目建成投产。二是把优化提升传统产业作为推进工业经济转型升级的主阵地。全市部署实施了"万企升级行动计划"和以新技术、新工艺、新装备、新材料推广应用为主要内容的"四新"技改项目计划,引导重点企业加快品牌建设,全力推动传统产业提升发展层次,提高质量效益。张家港启动实施工业经济转型升级"3333"百企培育工程,鼓励规模企业"争做行业老大,争当单打冠军"。几年来,相继实施沙钢综合技改等 99 个投资超亿元技改项目,完成技改投入 865 亿元,其中设备投入占 60%,先进设备又占到其中

的 80% 以上。三是把加速发展现代服务业作为提升产业层次的战略重点。全市现代服务业集聚区建设、现代服务业品牌创建和标准化建设、培育发展总部经济等方面倾斜并给予大力支持,以提升现代服务业发展水平;全力推动苏州工业园区和昆山花桥国际商务城现代服务业综合试点,推进生产性服务业加快发展;通过中新金融合作创新试验区和昆山深化两岸合作示范区两个平台,鼓励开展跨境人民币结算交易试点,鼓励太仓港等与上海港开展实质性合作。苏州已认定本地总部企业 67 家,引进各类具有地区总部特征或共享功能的外资企业 200 多家,为培育壮大具有区域性运营、结算中心等功能的总部经济奠定了基础。

(四)把生态文明建设作为倒逼压力,强力推进产业转型升级

近几年,苏州推进生态文明建设,外有压力,内有动力,全市以生态文明建设深化转型,以深化转型保障生态文明建设。一是坚决淘汰落后产能,推进集聚集约发展。实施"关停不达标企业,淘汰落后产能,改善生态环境"三年专项行动计划,加快对化工、印染、电镀、造纸、酿造等"两高一低"企业的整治和关停并转力度,到 2016 年,关闭和淘汰落后产能企业将不少于 2000 家。执行最严格的环评制度,坚持"十个不批"原则,坚决不上"两高一低"和不符合国家产业政策的项目,2011 年以来,累计拒批近 800 个项目,涉及总投资 120 多亿元。着力推进存量土地盘活利用,提升土地集约利用水平。近 5 年来,全市累计供应土地 42 万亩,其中一半来源于存量土地。张家港近几年每年腾换土地 5000 亩以上,累计腾出土地超 2 万亩,推进关停企业的腾换土地向工业园区和城镇建设区集中,全市腾出的土地 70% 以上用于产业再发展。二是优化城乡空间布局,提升城市绿色生态功能。近年来,苏州完善土地利用、城镇布局、产业发展和生态建设规划"四规融合"机制,加大中心城区"退二进三"力度,推进工业园区"退二优二"进程,加大苏州古城的全面保护力度,探寻完善古城保护新路。以建设"美丽镇村"为抓手,持续提升城乡生态环境质量,在全省率先基本完成村庄整治任务,建成 182 个"三星级"、591 个"二星级"康居乡村。三是制定约束性地方法规,依法推进生态建设和环境保护。先后出台风景名胜区、湿地保护条例等 20 多部生态保护地方性法规,2014 年又出台了生态补偿条例。编制《生态红线区域

保护规划》,划定生态红线区占国土面积的37.8%,占比全省最高。为保护鱼米之乡可持续发展资源空间,市人大出台保护"四个百万亩"的决定,将优质水稻、特色水产、高效园艺、生态林地的保护纳入法律轨道,以此倒逼集约利用土地资源,提升产业层次。

(五)把全面深化改革作为强大动力,为转型升级提供制度保障

苏州紧紧抓住全面深化改革这个推进经济转型升级的"牛鼻子",主动在中观和微观层面展开,深化重点领域和关键环节改革,促进结构调整腾笼换鸟、凤凰涅槃。一是以简政放权为突破口,加快转变政府职能。进一步厘清政府管理和服务"边界",全面深化行政审批制度改革,在前六轮行政审批事项削减75%的基础上,2014年首批削减、下放审批事项就达45项。在土地使用、金融支持、产业转型、资源配置、经营机制、社会管理等方面加大创新力度,推动政府职能转变。二是以对接上海自贸区为抓手,推进改革开放互动并进。2014年,苏州成立专项工作领导小组,编制学习对接上海自贸区的总体实施方案,梳理出投资、贸易、金融、行政体制等四大类80条对接政策,已有12条全部借鉴实施、11条部分借鉴实施。三是以体制机制创新为抓手,持续提升城乡改革发展动力。苏州紧紧抓住作为国家城乡发展一体化改革试点这一重大机遇,坚持把城乡发展一体化和新型城镇化作为解决城乡二元结构和"三农"问题的主要途径,通过制定出台创新农村土地使用制度、统筹城乡就业社保、创新社会管理体制机制等综合性政策意见,着力构建政策制度框架,增强了改革发展内生动力。四是以科学发展为导向,树立正确的政绩观。组织各级领导干部深入学习贯彻习近平总书记重要讲话精神,增强推进转型升级的紧迫感和责任感,主动适应新常态,既转变"唯GDP"观念,又防止"去GDP"倾向,引导各级干部不搞违背科学发展的"政绩工程""形象工程",以科学的理念、自觉的意识、理性的思维、务实的举措推进转型升级。

三、苏州推进产业转型升级遇到的突出矛盾和问题

新常态也伴随着新矛盾和新风险。苏州推进产业转型升级,既有良好的基础,也面临不少矛盾和问题,全市推进转型升级的任务仍然比较艰巨。

(一) 产业优化升级存在不少难题

新兴产业培育壮大尚需时日。虽然近年来新兴产业发展情况良好,占比提高较快,但还是呈群体大、个体小状况,没有形成主要增长极,缺少引领产业发展方向的旗舰型领军企业。传统产业面临转型阵痛,大部分本土企业属于劳动密集型传统产业,增长潜能已充分释放,发展优势日趋弱化。现代服务业尚未充分发育,受诸多因素影响,全市现代物流、金融、科技服务、电子商务等高端服务业难以得到充分发展。例如,2014年苏州金融业增加值占GDP比重为7.3%,而上海、深圳、南京、杭州等城市均超过10%。

(二) 科技创新能力仍然有待提高

苏州虽然是新兴科技城市,但基本上仍处于技术引进与应用层次,自主研发、自主创新的能力还不够强,科技创新还没有实现由投入期向产出期的转变。在大中型企业科技投入方面,每年用于技术开发的费用平均占销售收入的比重为1.5%,不及发达国家的1/4,特别是电子、钢铁等支柱产业的研发投入占比还低于全市平均水平。在技术创新能力方面,现有高新技术产业专利大多集中在产业链的中低端,反映企业原始创新能力和核心竞争力的自主知识产权产品、技术和发明专利依然偏少,企业接受高校、科研机构的"溢出效应"很大程度上停留在技术服务层面,主要是解决具体技术难题,企业核心竞争力的提升还缺乏有力支撑。

(三) 资源环境刚性约束继续加大

土地开发利用已近极限,目前苏州开发强度超过28%,张家港开发强度达到了32.8%。建设用地的稀缺,限制了新型企业和新兴业态的发展空间。同时,对淘汰企业土地的利用也需要支付一笔可观的改造资金,一定程度上增加了转型升级的成本。能源、资源综合消耗效率有待提高,2013年万元GDP能耗分别高出上海12%、深圳42%;单位建设用地GDP产出,约为深圳的1/3。全市环境容量有限,工业化、城镇化进程继续加快,污染物排放较多,单位土地面积排放的化学需氧量和二氧化硫约为全国平均水平的4倍和9倍。纺织、印染等传统企业转型升级面临制度、环境约束,大气污染、水污染治理任务较重。

案例一 苏州工业园区：打造自主创新示范区先导区

一、基本情况

苏州工业园区是我国首个中外合作开发园区，自1994年5月开发建设至今已有21年。21年来，园区形成"勇于争第一，敢于创唯一"的发展氛围，始终坚持立足国际水准、增强国际竞争力、不断转型升级优化发展的目标。

开发建设初期，苏州工业园区把发展目标定位于"建设一个以高新技术为先导、现代工业为主体、第三产业和社会公益事业配套的具有一定规模的现代化工业园区"。实践中，苏州工业园区始终瞄准世界500强企业，不断加大招商引资力度，引进科技含量高、资金密集型项目，重点引进产业和技术关联度大、上下游延伸配套紧密的旗舰型高新技术企业。2004年，苏州工业园区发展进入第10个年头，其经济总量已达到再造一个新苏州的规模，此时，园区开始在更高层次、更广视角上确立发展目标，进一步提升国际竞争力，全面推进现代化、国际化、园林化进程。2009年是苏州工业园区发展的第15个年头，面对国际金融危机的严峻挑战，园区又确立了融入世界经济大潮，加快转型，把园区打造成世界一流国际品牌的战略目标。

进入"十二五"以来，世界经济发展进入低速增长阶段，后金融危机时代，经济格局发生着重大而深刻变化，发展中的不确定、不稳定因素增多，苏州工业园区的转型升级与产业发展进入新阶段。为此，苏州工业园区提出了"建设国际化、现代化、信息化的创新型、生态型、幸福型园区"的总目标。为实现这一目标，园区加快产业转型升级和科技要素集聚，提升经济发展水平，深入推进制造业升级、服务业倍增、科技跨越、生态优化、金鸡湖双百人才、金融产业三年翻番、纳米技术产业三年双倍增、文化繁荣"八大计划"。纳米科技园、腾飞苏州创新园、建屋2.5产业园、生物产业园、桑田岛科技园等一系列高标准的创新载体在园区相继建成。园区同时加快中心区域的打造,推进 CBD、独墅湖科教创新区、综合保税区、中新生态科技城、东环路沿线、阳澄湖半岛、月亮湾、沙湖股权投资中心、沪宁高铁园区站北部综合商务区、三个副中心等"十大主战场"建设,从而实现了城市功能与产业发展建设、科技创新能力、生态环境优化的同步提升。

当世界经济的发展朝向"创新"这一"风口",苏州工业园区站在开发建设 21 周年的新起点上,贯彻落实"四个全面",重吹集结号,整装再出发,勇攀新高峰。这段时间,园区一批开放创新、提档升级、惠民便民项目将陆续开工开业,这些项目不仅代表着园区新兴产业的方兴未艾,优势产业的提质升级,更代表了园区把握新常态,大力推进大众创业、万众创新,打造活力迸发的"创客天堂",加快推进转型升级创新发展步伐,努力建设成为苏南国家自主创新示范区的核心区和引领区,建设全球新兴知识、新兴产业重要策源地,朝着建设世界一流的高科技产业园区迈进。规划到 2020 年,苏州工业园区全社会研发经费投入占 GDP 比重超 5%,高新技术产业产值占规模以上工业产值比重超过 70%,高新技术企业超过 1000 家,万人发明专利拥有量达 100 件,万人拥有高层次人才数 300 人以上,工业增加值率 35% 以上。到 2020 年,在纳米技术应用、生物医药、云计算等领域形成拥有技术主导权的产业集群,成为全球新兴知识、新兴产业和新兴社会组织形态的重要策源地。

二、主要做法

(一)智能制造"调高"产业能级,新技术"调优"产业结构

产业的自我更新是区域经济保持活力的重要途径。在工业园区,一批先进制造业的转型,正引领优势产业向中高端跃升。入驻园区最早的外资企业——三星电子(苏州)半导体有限公司,最近刚刚投运新型生产线,其全线自动化及超精工艺,达到了世界最先进水平,意味着这家扎根园区 20 多年的制造业企业开启了智能制造之路;同样,园区开发建设之初便落户的碧迪集团,近日在园区开建第三家工厂,引入胰岛素注射笔针、预充式导管冲洗器等全球最新产品,预计投资 20 亿元;全球自动化仪表行业技术最先进,

规模最大的公司——瑞士恩德斯豪斯集团将在园区开展大口径流量仪表生产。

当前,园区制造业企业优质项目集聚度越来越高,企业自身提档升级能力更强,以智能制造、机器人产业为特征的工业4.0成为"牵引"产业发展新动力。据不完全统计,园区的机器人产业相关公司已经形成产值超30亿元规模,为产业集群带来的专业化分工和节省成本的优势日益显著。统计显示,2015年一季度制造业产值规模增长9.6%,利润却增长了20%。园区产业结构、工业企业结构趋向合理,十大行业基本均衡发展。

伴随优势产业的不断"调高",以纳米技术应用、生物医药、云计算为龙头的园区三大新兴产业发展势头更为强劲,2015年第一季度产值分别增长27%、35%、37.2%,并不断向"高精尖"迈进。

(二)新业态催生模式创新,"互联网+"催热创客经济

新业态的融合衍生是区域经济多样性的集中体现。在工业园区,一批以总部经济为特征的新兴业态不断积聚,园区集中着88家金融机构总部。由于金融业等高端服务业的集聚,让园区CBD更显寸土寸金,不少银行被"请上楼",如上海银行苏州分行在园区中银惠龙大厦4楼开出了首家楼宇支行,而其职能是一家财富管理中心旗舰店;同样,江苏远东海领保险经纪有限公司全国营销中心、安盛天平财产保险股份有限公司风险管理技术研发中心、金石期货有限公司创新型产品全国研发中心等一大批金融机构的全国或区域总部也在园区写字楼里租下楼面,专攻新产品开发。传统金融业在园区正以全新的业态、创新的模式,深耕市场,高端转型。

在"互联网+"的催化下,园区一批发展质量好、市场空间大、团队能力强的明星企业正快速壮大,各类创新业态加速涌现。例如,微软在中国运营互联网的唯一主体——微软在线网络通讯技术(上海)有限公司在园区设立全资子公司微软在线广告(苏州)有限公司,注册资金为1000万人民币,并将其主营业务——必应(Bing)搜索剥离出来放在微软在线苏州运营,计划五年内将中国搜索市场份额从现在的1%左右提高至10%,届时保守估计年销售额可达5亿美元。

"互联网+"热潮涌动,让"创客"激情四射。在园区推出"众创空间"重

磅扶持政策后,一批批怀揣梦想的年轻人迅速加入"创客"队伍,一个个"众创空间"铺就园区的创富"星光大道"。由"腾讯系"团队成立的苏州南极圈互联网科技有限公司跃跃欲试,计划在园区建立早期互联网创业项目的精细创业孵化平台,为互联网等项目提供资本对接、创业服务;苏州外星科技信息有限公司在园区开发运营"啰嗦"大型情景化移动社交软件,搭载情景化、大数据、云计算等互联网前沿技术。

"互联网+"也带动电子商务的快速发展,尤其园区在全国率先获批贸易多元化试点后,SUNVIP、EH株式会社等一批日韩跨境电商纷纷投来热情眼光,欲在园区新设企业,从事化妆品、保健食品等领域的跨境贸易,分享园区发展新成果。

(三)商贸版图频添新亮点,民生项目加码惠民福祉

民生项目不断加码让园区居民的幸福感倍增。2015年6月5日,位于钟园路北、钟南街东的永旺梦乐城园区湖东购物中心正式营业,这是永旺集团在中国第一个购地自建的大型购物中心项目,总投资1.8亿美元。购物中心为一体式四层建筑,包括大型超市、专卖店、餐饮、影院娱乐等区域,总建筑面积约18万平方米,目前已引进国内外知名品牌100多个,定位于中等收入以上人群,辐射湖东及整个园区。开业初期年营业额预计在5亿元左右,永旺梦乐城(江苏)商业管理有限公司也已在园区设立,成为永旺梦乐城在整个江苏地区的管理总部。同时,新光三越、诚品书店等商场及综合体项目也于2015年陆续开门迎客,成为园区商贸版图上的新亮点。

接下来,一系列服务园区居民健康生活的民生项目将陆续迎来"收获期"。苏州大学附属儿童医院园区总院已于2015年6月初正式投入使用,总床位900张,医院设计日门诊量3000人次,成为集医疗、教学、科研、预防保健为一体的现代化儿童医院;园区公共卫生中心预计年内竣工,将集纳疾病预防控制中心、卫生监督所、妇幼保健所、公共卫生应急中心、职业健康体检中心、临床检验中心等多个机构,为园区及周边城区居民提供一流的公共卫生安全服务;计划2015年年底竣工、2016年投运的久龄公寓,设计养老床位总数1045张,无障碍系统建设贯穿整个项目,将成为一个立足园区,为老年人提供现代化、专业化、家庭式、贴心型服务的晚年生活乐园。

此外，园区全力推进体育中心建设，2017年建成后将成为苏州市唯一市级和区级合设的，集体育竞技、休闲健身、商业娱乐、文艺演出于一体的多功能、综合性的甲级体育中心。体育中心规划建有体育场、体育馆、游泳馆、服务配套中心、体育公园和室外健身运动场等场馆设施，其中体育公园将是一个开放式的市民休闲健身场所，设有慢跑步道、自行车道、轮滑场、足球场、篮球场、健身广场等活动设施，成为园区居民健身好去处。

三、主要成效

（一）高端项目带动有力

2012年以来，三星高世代液晶面板达产扩能，京东方光科技华东总部、礼来新工厂、信达生物医药产业基地等项目扎实推进。目前，园区的高新技术产业产值占规模以上工业产值比重达62%，规模以上工业企业利润增幅达17%。

现代服务业快速发展。2014年，苏州工业园区新增项目中服务业项目占据半壁江山。目前，江苏省级认定的跨国公司总部中，苏州工业园区企业占1/4；区域金融中心高地加快打造，累计集聚金融和准金融机构574家，外资银行数量在全省排名第一；服务业增加值占GDP比重首次超四成，达40.8%。

（二）新兴产业加速成长

在先进制造能级提升的同时，园区的新兴产业呈现出快速成长的喜人态势，2015年上半年，园区高新技术产业和新兴产业表现抢眼，产值分别同比增长6.9%和9.9%，占规上工业产值比重分别达67.4%、60.1%。创新活力持续迸发，"千人计划"人才总数居全国开发区第一，发明专利授权量保持全市第一。实现高新技术产业产值1304亿元、新兴产业产值1163亿元，分别增长6.9%和9.9%。其中生物医药、纳米技术应用、云计算产业分别实现产值172亿元、142.1亿元、150.2亿元，增长23%、47%和54%。

（三）创新平台加快完善

依托入驻的25所中外院校、中科院苏州纳米所等科研院所及各类载体资源，推动"官产学研介"协同创新，园区形成了校地、校企、院地、院企多方合作机制,苏州纳米科技协同创新中心入选国家"2011 计划"。中科院电子所苏州分所、兰化所苏州研究院、药物所创新研究院苏州分院以及苏州医疗器械创新服务中心等一批创新平台落户,苏州纳米科技协同创新中心、中国医科院系统医学研究所加快推进,纳米大科学装置首期示范工程正式启动,国内首个微纳机电系统中试平台投用,吸引国内这个领域 90% 的骨干企业来园区创业,园区成为全球八大微纳制造聚集区之一。

(四) 创新活力不断增强

2015 年上半年,园区以苏南国家自主创新示范区建设为引领,积极推动大众创业、万众创新,累计集聚 36 家创业孵化器,吸引孵化项目 277 个,其中 8 家民营孵化器纳入国家级科技企业孵化器序列。万人有效发明专利拥有量达 74 件,PCT 专利申请达 63 件,发明专利授权 723 件,继续保持全市第一。上半年新增"千人计划"人才 21 人、总数达 118 人,均居全国开发区和省、市第一。

四、启示作用

以占苏州市 3.4% 的土地、5.2% 的人口,创造了约 15% 的经济总量,连续多年名列"中国城市最具竞争力开发区"排序榜首……这是中新合作苏州工业园区交出的经济答卷。

然而,与其他开发区一样,苏州工业园区同样面临着劳动力成本上升、土地短缺、资源紧张等刚性约束。园区正以创新驱动牵引经济发展火车头,通过集聚载体、人才、服务三大要素,为转型升级"保驾护航"。

(一) 搭创新平台,聚创新资源

建园至今,园区地区生产总值和工业总产值分别增长 168 倍和 121 倍,相当于再造一个 2002 年的苏州;公共财政预算收入是 1999 年的 571 倍,相当于再造一个 2004 年的苏州。数据几何级增长的背后,是园区转型升级的探索实践,其中一大利器就是以平台载体建设集聚创新资源。

"园区选择了创新驱动作为转型主线,这么多年来一直'咬定青山不放松'。"园区管委会主任说,创新是一项系统工程,需要实实在在地搭建有效载体,集聚创新资源、创新要素,从而释放技术、人才、资金三者聚合裂变的

"溢出效应"。早在提出"转型升级"战略之初,园区就聚焦生物医药、纳米技术等新兴产业,以创新之力激活区域转型发展引擎。

园区以独墅湖科教创新区为主阵地,推进"科技跨越计划"和"科技领军人才创业工程";丰富创新资源,R&D 经费支出占 GDP 比重达 3.29%(科技部火炬中心统计口径为 5%),累计建成各类科技载体超 380 万平方米、公共技术服务平台 20 多个、国家级创新基地 20 多个,国际科技园、创意产业园、中新生态科技城、苏州纳米城等创新集群基本形成。

在上述创新载体促动下,园区每年新增科技项目约 500 个,拥有各类研发机构 356 个、国家高新技术企业 568 家;中科院苏州纳米所、国家纳米技术国际创新园等国家级创新工程加快推进;苏州纳米科技协同创新中心入选全国首批"高等学校创新能力提升计划";专利申请年均增长 50%,其中发明专利占比约 50%,万人有效发明专利拥有量超 40 件,上市公司总数达 11 家。

(二) 人才引领跨越发展

得人才者得天下。引才、留才、惜才,是苏州工业园区赢得转型先机的又一法宝。

魏珂是尚格德塔网络科技有限公司 CEO,也是园区最新一届"领军人才"。在落户园区前,他在北京创业。当他第一次踏上这片土地时,便坚定了想在这里创业的决心。他坦言,原因有三个:地理位置、生活质量、人才环境。

魏珂舒心的发展环境得益于园区科学的人才工作机制。当前,园区正致力于打造"1+1"人才政策体系,即 1 个"计划"(金鸡湖双百人才计划)和 1 个"意见"(人才优惠政策意见);2013 年,园区出台吸引高层次和紧缺人才的优惠政策意见,对高层次人才给予 10 万~150 万元不等的购房补贴,同时还有优惠租房、薪酬补贴、培训补贴、高层次人才医疗保健、专项补助、落户入学等便利。

为解决企业对人才的迫切需求,园区建设了一系列教育和培训系统,先后吸引了约 20 家世界各地高校来苏州工业园区开设研究生院,其中包括加州伯克利大学、澳洲莫纳什大学、新加坡国立大学。此外,园区还为企业技术工人群体提供享受政府补贴的培训项目。

服务品牌亦是园区形成人才"滚雪球"效应的关键。园区在每年评选各类领军人才的基础上,关注其评奖之后的可持续发展和提升。园区留学生人员联谊会、博士联谊会、领军俱乐部等高层次人才组织定期开展活动,为高端人才提供信息咨询、创业辅导、释疑解惑,加强高层次人才间及人才和产业龙头间的对接合作。园区的领军人才培训体系同时提升了领军企业创新创业水平,拓宽了领军人才的国际化视野,提高了其经营管理能力。

(三) 多元服务激发创新活力

企业是创新的主体,为企业创新保驾,就是为创新驱动护航。一个企业只要实现了"创新",相关产业、领域的突破就会纷至沓来,形成"创新浪潮",从而激活区域转型引擎。

在创业的道路上,张国祥还处于"新手"摸索阶段。几个月前,他创办的苏州跨界软件科技有限公司推出了第一款面向公众的产品——"饭见"APP。而就在"饭见"处于市场与用户推广的关键期时,他的"房东"——苏州国际科技园及时伸出"援手"。一个多月内,客户对接沙龙、媒体采访接待、企业推广交流茶会让他有些应接不暇。这是苏州国际科技园为企业量身定制的"SISPARK 成长计划",通过差异化和系统化的优质服务,为处于孵化期和成长期的科技企业提供创业支持,扮演创业者"服务生"角色。

这只是园区服务创业创新、激发创新活力的缩影。目前,园区基本形成了"以政府为引导、以企业为主体、社会广泛参与"的多元化科技型中小企业服务支撑体系。在全国率先设立跨部门服务的中小企业服务中心,合作科技中介超100家,覆盖知识产权、人力资源、科技金融、财税服务、法律咨询等15大领域,从业人员达5000人。

为解决成长型企业融资难题,园区还将科技与金融紧密结合。国家"千人计划"创投中心启动,沙湖股权投资中心集聚股权投资机构250多家,管理资金规模达430亿元;国内规模最大的股权投资和创业投资母基金(国创母基金)顺利运作,推出苏州首单中小企业私募债、区域集优中小企业集合票据等金融创新产品;推进江苏省唯一的苏南科技股权路演中心建设,引入"现场路演+资本对接+增值服务"的服务模式,以金融创新助力企业成长。

思考题

1. 苏州工业园区的产业转型升级规划及产业发展给其带来了哪些机遇？

2. 你认为苏州工业园区的产业转型升级做法有哪些优势？其实践参考的难点主要在哪里？

案例二 苏州高新区:迈进全国高新区第一方阵

一、基本情况

作为全国首批建设创新型科技园区的国家级高新技术产业开发区,近年来,苏州高新区以科学发展观为统领,按照省委省政府关于实施创新驱动战略,建设创新型省份,率先基本实现现代化的要求,遵循"强力推进自主创业,大力发展新兴产业"的主线,区域创新能力和辐射带动能力显著提升:2015年该区地区生产总值首次突破1000亿元大关,达1026亿元,增长8%;地方公共财政预算收入达110亿元,增长9.8%。2015年,苏州高新区加快优化经济结构,大力发展新一代信息技术、轨道交通、医疗器械、新能源、地理信息产业,战略性新兴产业产值、高新技术产业产值占规模以上工业总产值比重分别达55%、52%;获批全国医疗器械创新型产业集群试点、省大数据特色产业园、省轨道交通特色产业基地、省新型工业化产业示范基地。全区持续扩大有效投入,充分发挥了80项重大项目的引领带动效应。

"抢抓机遇,加快实施创新驱动战略,要求我们围绕'迈进全国高新区第一方阵'目标,推进产业链、创新链、价值链、资金链的四链结合,即围绕产业链部署创新链,围绕创新链提升价值链,围绕价值链完善资金链,进一步强化科技同经济对接、创新成果同产业对接、创新项目同现实生产力对接、创新人才培养引进同经济社会发展需求对接。"苏州高新区相关负责人说,力争在2020年使全区研发投入占地区生产总值比例达到5%,万人有效发明专利拥有量达到80件,全区高层次人才总量达到2.3万人,创新驱动发展的核心竞争力明显增强。

二、主要做法

近年来,苏州高新区瞄准"大院大所"的前沿创新技术,集聚创新驱动力,推动工业产业"知识化"转型和集聚发展;同时,加速构建后工业时代发展新载体,优化区域产业布局,推动产业"轻"化发展、低碳发展。

(一)实施创新驱动,大力提升自主创新能力

强化科学发展、创新发展的鲜明导向,发挥重大平台、重大项目的引领作用,进一步做优"创新链",做强"产业链",提升"价值链",着力建设以企业为主体、以市场为导向、政产学研金紧密结合的区域创新体系,加快建设国家创新型科技园区。一是加快创新要素集聚。以重点项目驱动创新,以亮点工程催生创新。先后建立和引进中科院苏州医工所、浙江大学苏州工研院、中国传媒大学苏州研究院、中国移动研发中心、中科院苏州地理科学与技术研究院等70余家科研院所和研发机构,拥有市级以上各类研发机构571家,大中型企业研发机构建有率达97%。国知局专利审查协作江苏中心一期正式启用、二期主体封顶,全国首家知识产权服务业集聚区开园,首批50家企业入驻。医疗器械科技产业园成为国家级科技企业孵化器,中科院苏州医工所项目获批"国家重大仪器专项",浙江大学苏州工业技术研究院晋级国家技术转移示范机构、产业化公司达43家。创新载体日益丰富,相继建成苏州科技城、苏州创业园、江苏省新药创制中心等一大批科技创新载体,全区拥有省级以上科技企业孵化器11家,其中国家级5家。苏州科技城已累计投入资金400多亿元,新建各类创新载体超过300万平方米,集聚国家知名科研机构、研发机构、软件企业和产业化项目300多家,各项主要指标呈现"翻番"增长态势,成为建设国家创新型科技园区和苏南自主创新示范区的主战场。二是营造创新发展环境。把发挥人的创造力作为推动科技创新的核心,依托中国苏州人力资源服务产业园等人才服务平台和"苏州国际精英创业周""苏州技能英才周"等招才引智活动,加大人才培养和引进力度,重点引进高层次人才和高水平创新创业团队,培训、提升高技能人才。预计"十二五"期末,高新区全社会研发投入预计可超150亿元;区科技发展资金5年间累计支出超过14亿元,全区累计拥有省级以上科技企业孵化器12家;累计聚集各级各类领军人才达590余人次;领军人才企业总注册资本近45亿元,申请专利4300多项,实现销售收入75亿元;全区累计引进科技型企业超过2800家,年均增速达到32%。科技金融进一步融合发

展,全国股转系统路演分中心投入使用,全国首支"科技型"中小企业集合票据成功发行,集聚各类投融资机构120多家,管理资本总规模近110亿元。全社会研发投入占地区生产总值比重为3.4%,成为全国首家创业投资示范基地、全国唯一保险与科技结合综合创新试点地区、江苏省首批科技金融合作创新示范区。三是加速创新成果转化。累计孵化各类科技型企业1500余家,以医工所为依托打造的医疗器械产业集群和产业基地获批首批国家创新型产业集群试点和国家火炬特色产业基地。苏州医工所已建成医学影像及应用、超精密微细加工、微纳生化传感与分析系统等多个实验室,共承担各类科技计划项目100余项,申请发明专利80项,争取科研经费近4亿元。该所研制的"超分辨显微光学核心部件及系统研制"项目,填补了该技术的国内空白,累计成立科技成果转化公司6家;浙江大学苏州工业技术研究院产业化公司达43家;中传媒苏州研究院完成5家高科技企业的孵化工作。全区高新技术产业产值占规模以上工业总产值比重达55.4%。近年来全区专利申请年均增长速度超过40%,发明专利申请年均增长速度约为57%,累计申请专利44268件,专利授权23366件,其中发明申请量和授权量分别达到14882件和1506件;2013年高新区万人发明专利拥有量达21.76件,2014年上半年发明专利申请量占专利申请总量比重达57.4%,成为全国首个国家知识产权示范园区和全国科技创新服务体系建设试点单位,获评全国科技进步考核先进县(市)称号。

(二)推动转型升级,不断提高发展质量效益

准确把握新的科技和产业革命趋势,牢牢把握转变经济发展方式这条主线,以提高经济增长质量和效益为中心,在保持经济持续平稳增长的同时,加快转变经济发展方式,大力推进产业优化升级,努力实现更有质量、更有效益、更可持续的发展,不断增强产业乃至整个经济的发展竞争力。一是推动新兴产业跨越发展。围绕新一代电子信息、医疗器械、新能源、轨道交通四大战略性新兴产业,聚焦技术前沿、产业高端和未来发展,加大技术研发力度,实现关键工艺技术、高端产品研发重大突破,促进产业从低端向高端延伸,形成完整的产业链,使战略性新兴产业成为区域发展的主体支撑。当前,苏州高新区新一代电子信息迈上千亿级台阶,医疗器械产业企业数和

年产值增长均超过30%,医疗器械产业园被苏州市推荐为国家创新医疗器械产品应用示范工程试点;新能源实现恢复性发展,协鑫光伏产稳销旺,阿特斯在海外建厂,光伏产业抵御风险能力不断增强;轨道交通产业链加速形成,现代有轨电车1号线"全国第一"示范效应凸显,全国首家有轨电车行业协会正式成立,现代有轨电车1号线投入运营,数十家中外著名企业相继入驻,年产值超过100亿元,成立全国首家以有轨电车为专业方向的设计院(华东有轨电车交通设计院)。2014年上半年,全区规模以上工业利润同比增长43.1%,新兴产业利润同比增长54.9%,产值占规模以上工业总产值比重达57.2%。苏州高新区获批国家新型工业化产业示范基地(电子信息)和省级军民结合产业示范基地。二是推动现代服务业高端发展。着力推动高技术服务业与高端制造业、战略新兴产业相融合,加快发展金融、物流、平台经济、总部经济等现代服务业,积极发展互联网经济等新兴服务业态,狮山商务商贸核心区、金融保险服务集聚区、西部生态休闲旅游度假区、文化创意产业集聚区、知识产权服务集聚区、现代物流和国际贸易集聚区、人力资源产业集聚区等七大服务业集聚区建设加快,龙湖时代天街、绿地城市综合体、永旺梦乐城等重点项目积极推进。以苏州高新区人力资源服务产业园为核心区的"中国苏州人力资源服务产业园"获国家人社部批准建立。软件和服务外包产业发展迅速,2013年销售收入超过280亿元,服务外包接包合同额、离岸执行额居全市第二,成为江苏省国际服务外包示范区。苏绣文化产业群成为全国文化产业示范基地,镇湖生态旅游示范区通过国家级生态旅游示范区验收评定,服务业增加值占地区生产总值比重每年提高2~3个百分点。三是推动主导产业转型发展。积极运用高新技术和先进适用技术改造提升主导产业,鼓励装备制造企业向价值链两端延伸,促进生产型企业向"生产+服务型"企业转变。苏州电加工机床研究所获批工信部"高档数控机床与基础制造装备"重大专项,获批中央财政经费1160万元。四是推动三资企业集聚发展。强化招商选资,以优质项目的引进做强实体经济。累计引进外商投资企业2200多家,其中全球500强企业33家,销售超亿元的欧美企业51家,纳税最大的企业克诺尔2013年产值达56亿元,全部税收贡献6.55亿元;日资企业超过500家,成为长三角地区有重要影响的"日资高地"。集聚中央企业25家,累计总投资超过150亿元,2013

年实现销售收入 134 亿元,同比增长 14.8%。集聚内资民营企业超过 15000 家,注册资本金 1461 亿元,民营企业总数和注册资本总额分别增长 39.9% 和 40.3%。

(三)深化改革创新,着力打造改革发展品牌

深化改革是适应新常态、实现新发展的动力源泉。作为改革开放的先行区,苏州高新区始终通过体制改革来解放和发展科技生产力,在认真落实中央和省市做出的深化经济体制改革任务的同时,紧密结合区域实际,充分发挥现有载体和平台作用,加快构建品牌创新高地,着力打造"七个全国一流"的改革品牌。以综保区转型升级为突破点,打造全国一流的对外开放先导区。率先复制推广上海自贸区贸易便利化措施,着力推进海关监管、检验检疫等方面的改革创新,初步形成贸易投资便利化的体制机制。加快陆路进境水果口岸建设,发挥进口商品展销中心载体优势,积极发展跨境电子商务等新型贸易方式。做大做强"苏满欧"班列,推动成为苏州融入"一带一路"战略的重要口岸通路。以建设国知局专利审查协作江苏中心为突破点,打造全国一流的知识产权服务业集聚区。加快全国首家 16 万平方米国家知识产权服务业集聚区建设,加大项目引进培育力度,推进知识产权高端服务、知识产权成果孵化应用、高层次人才培养,打造服务江苏、辐射华东的国家知识产权服务业集聚区。以建设全国股转系统路演分中心为突破点,打造全国一流的服务中小企业发展壮大的基地。充分发挥"全国首家股转系统公司路演分中心"集聚效应,加快"发布大厅"以及"路演中心、数据中心、研发中心、媒体中心、培训中心"和苏州高新科技金融广场建设,强化功能载体优势,全领域延伸"新三板"服务产业链,营造有利于中小型科技企业加速发展的环境。以保险与科技结合综合创新为突破点,打造全国一流的保险金融高地。加快启动"金条工程"综合项目,重点推进与安邦保险集团合作,开发运营"金融保险服务集聚区"综合体项目,打造以狮山路为中心并向苏州科技城延伸的保险金融创新集聚区,促进保险支持科技创新,凸显科技金融特色,建设科技保险创新试验区。以建设全国人力资源服务产业园为突破点,打造全国一流的高端人才集散地。统筹整合优势资源,加快人力资源服务产品交易平台、产业园信息化工程和产业园规划展示馆等三大重点项

目建设,优化"一核四区"功能布局,着力推进产业集聚、人才集聚、信息集聚,努力建设全国最佳人才集散高地。以建设三大生态景区为突破点,打造全国一流的生态文明示范区。坚持规划引领,着眼长远发展,大力推进生态建设系统化、品牌化、特色化,着力将白马涧郊野公园、沿太湖生态长廊和大阳山生态圈打造成生态建设新亮点。充分发挥真山真水的生态优势,大力发展文化创意、健康养生、现代休闲等产业,把高新区建设成经济发达与生态宜居协调融合、都市风貌与田园风光相映生辉、人与自然和谐共生的美好家园。

以加快政府职能转变为突破点,打造全国一流的体制机制创新区。围绕简政放权和提高治理能力,深化管理机制改革,优化完善"区镇合一"管理机制,统一推进规划建设、产业布局、资源整合、编制管理和行政服务,强化片区功能,促进联动发展。坚持精简高效和服务型政府的管理理念,建立新型管理体制和运行机制。区级领导分工交叉任职,工作人员实行聘用制,建立了比开发区更规范的工作程序,形成了比行政区更具效率的运作机制。深化行政审批制度改革,制定政府权力清单和行政审批事项清单,把该接的接好,该放的放活,该管的管住,该服务的服务到位,努力营造法治化、国际化的市场环境。

三、主要成效

(一)出台政策引领发展

苏州高新区研究出台了"2+3"产业振兴发展规划,以新兴产业重点企业为服务对象,建立日常联系工作机制,以加快新兴产业项目建设为抓手,产业结构持续优化,成为国家新型工业化示范基地和全市首家省级军民结合产业示范基地。苏州高新区拥有良好的产业基础,积极探索以科技创新带动传统产业升级,以高端人才撬动新兴产业的发展模式,以新兴产业重点企业为服务对象,建立日常联系工作机制,以加快新兴产业项目建设为抓手,加速培育新一代电子信息、医疗器械、新能源、轨道交通四大新兴产业,区域产业结构持续优化。

(二)企业转型产业升级

2014年,苏州高新区全年战略性新兴产业完成投资110亿元,新兴产业产值占规模以上工业总产值比重达54.6%。服务外包接包合同额、离岸接包执行额均列全市第二,同比增长50%以上。新一代电子信息、医疗器械、新能源、轨道交通四大战略性新兴产业发展势头良好;企业竞争力不断增强;晶端显示电子等电子信息企业产值翻番;协鑫光伏产稳销旺,阿特斯在海外建厂,光伏产业抵御风险能力不断增强;有轨电车1号线"全国第一"示范效应逐步显现,易程、克诺尔、浦镇公司、德国汉宁卡尔等项目相继入驻,轨道交通产业链加快形成。

(三) 壮大医疗器械产业

医疗器械产业集群获批科技部首批国家创新型产业集群试点,医疗器械产业基地获批国家火炬特色产业基地,医疗器械产业集群创新平台项目入选省首批战略性新兴产业发展专项。全区医疗器械产业年产值保持20%以上增速,已集聚医疗器械相关企业120余家。

苏州高新区还以全国首家知识产权服务业集聚发展试验区建设为切入点,不断吸引和聚集创新要素,加快科技成果转移转化,提升区域创新体系整体效能,全力打造立足苏州、服务江苏、辐射华东的知识产权服务业创新引领区,带动全省乃至华东地区相关产业转型升级。

四、启示作用

一是构建现代产业体系。推进科技创新与构建现代产业体系紧密结合,以特色产业基地建设为载体,围绕新一代电子信息、轨道交通、医疗器械、新能源等四大战略性新兴产业,狠抓重大项目,攻克核心技术,培育领军企业,建设特色基地,在占领产业制高点、扩大市场应用、提升核心竞争力上取得新突破。

二是加快创新要素集聚。引导建立专业孵化平台,提升专业服务能力。促进中科院苏州医工所、浙大苏州工研院、中国传媒大学苏州研究院等科技载体成为创新成果及产业化的重要策源地,抓好中国移动研发中心、国家知识产权专利审查协作江苏中心二期、中科院苏州地理信息与文化科技产业基地等创新项目建设。加大科技创新投入,提高科技投入产出率。

三是做强创新人才支撑。大力培育和引进高层次科技和现代服务业人才、高水平创新创业团队、高素质管理人才、高技能实用人才。积极构建全面覆盖、集成支持、上下联动的人才扶持体系,推动人才、平台、项目的有机结合,实现人才与产业的链式集聚,全力营造人才发展的最佳环境。

四是完善科技服务体系。强化技术公共服务、技术成果交易、创新创业融资服务等平台建设,完善包括技术、管理、市场、资金等内容的科技服务体系,引导区内科技中介机构的设立与发展。探索知识产权服务转变经济发展方式的有效途径;以获批江苏省科技金融合作创新示范区为契机,全力搭建集政策、产品、中介与信息服务等为一体的科技金融服务综合平台,为全区科技型中小企业提供全方位的融资服务。

五是探索机制体制创新。加快建设面向创新需求的科技公共服务设施,形成社会化、专业化、网络化的科技服务体系。促进科技与金融紧密结合,形成以财政资金为引导、社会资本为主体的多元化创业投资格局。充分发挥高新区开放型经济优势,以大开放的思路和全球化的视野,加强与优势科技资源的对接,形成优质创新资源汇聚高新区的良好局面。

思考题

1. 苏州高新区产业转型升级的思路与苏州工业园区有何共性及区别?
2. 你认为苏州高新区产业转型升级路径的实践参考重点与难点是什么?

案例三 昆山：全力推动经济转型升级创新发展

一、基本情况

中国第一个人均国民生产总值突破4000美元的县级城市、连续9年位列中国中小城市综合实力百强县第一位、福布斯中国大陆最佳县级城市排行榜连续5年蝉联第一……如此多的"第一"使昆山成为我国开放型经济的"样板"。改革开放以来，昆山抓住机遇，凭借良好的区位条件和政府服务，成为大陆台商投资最活跃、台资企业最密集的地区之一。截至目前，已吸引台资企业4318家，总投资534亿美元。台湾前一百大企业近六成在昆山落户，投资项目100多个。昆山，一个曾经以农业为主的江南小县城，以"敢为天下先"的魄力，走出了一条享誉海内外的"昆山之路"。而提到昆山的经济特色，"外贸重镇"是常用的关键词。

《中共中央关于全面深化改革若干重大问题的决定》提出，紧紧围绕使市场在资源配置中起决定性作用深化经济体制改革，加快转变经济发展方式。如今，面对转型升级这一新课题，被誉为世界工厂的昆山放慢了一味奔跑的脚步，转身寻求"内生动力"。"昆山之路"从头越，在新起点上整装再出征。2015年3月18日下午，昆山市召开推进转型升级创新发展动员大会，会上公布了《昆山转型升级创新发展六年行动计划实施意见（2015—2020）》（征求意见稿），明确将用6年时间全面推动转型升级和创新发展，努力实现经济增长更稳健，产业结构更合理，质量效益更显著，创新实力更雄厚，生态环境更优美。围绕总体目标，昆山主要将重点实施"2136"工程。同时从财政支持、规划管理、土地利用、价格机制改革四个方面入手，研究出台操作细则，计划市、区两级财政每年投入转型升级创新发展资金不少于20亿元，累计120亿元以上。

二、主要做法

（一）把产业转型作为转型升级、创新发展的关键环节

按照"提升发展既有产业，壮大发展新兴产业，培育发展未来产业"的工作思路，突出科技招商、人才招商、平台招商、服务招商，从源头上把握好招商选资关、转型升级关。大力提升电子信息、精密机械等支柱产业；大力发展可再生能源、新能源汽车、新型平板显示、航空及汽车零部件材料、小核酸生物医药、机器人及微电子装备制造等产业；培育形成一批产业规模大、创新能力强、技术含量高、行业领先的高端制造和创新产业集群，全力打造科技产业集聚高地和科技成果转化高地；积极引进和培育以支撑创新创业为主的科技服务业，以提升城市品位为主的商贸服务业，以配套制造业为主的现代物流业。

（二）把城市转型作为转型升级、创新发展的重要支撑

按照"产城融合，宜居宜业"的城市理念，发挥城市核心区作用，加快城市功能的提档升级和西部新城的延伸拓展，整合区域资源，规划阳澄湖科技园、吴淞江产业园、新城北产业园"三大板块"，建设南淞湖、中心湖、玉湖、城北湖"四个生态区"，提高基础配套功能，拓展城市经济发展新空间，推进科技与文化、经济、城市和生活的深度融合，打造现代化、国际化、城乡一体化的生态新城。

（三）把载体转型作为转型升级、创新发展的有力承载

坚持创新驱动战略，着力构建开放式、网格化、集聚型的创新体系。阳澄湖科技园是这一创新体系中的重要平台，既是昆山高新区区域创新体系的核心机构，也是辐射昆山全市特色产业基地的重要载体。以阳澄湖科技园为核心，发挥工业技术研究院的引领、辐射作用，加快清华科技园（昆山）、北大科技园昆山分园、南大昆山创新研究院、昆山产业创新研究院运作，深化与浙大昆山工研院、哈工大机器人研究所、西安电子科大、成都电子科大的产学研合作，推进美国杜克大学昆山分校、加拿大圣约翰学校昆山分校建设，构筑各类孵化器、加速器、技术成果转化和公共技术服务体系，整合集聚创新资源要素，打造与新兴产业和科学技术发展相适应的科技创新载体和平台。

（四）把服务转型作为转型升级、创新发展的基本保障

探索富有科技园区特色的新型管理体制和运行机制，把提升服务、提高效能作为"第一投资环境"来抓，深化"全方位、全过程"的服务内涵，树立高新区服务新品牌。建立完善科技项目、高端人才创新创业的政策和服务体系，规划建设科教园、工研院、小核酸、南淞湖4个人才公寓，规划建设南星渎、北部产业园、中华园西路等3个邻里中心，规划建设财富广场，加快构建涵盖创投、风投、基金以及信用评估、质押贷款的多元化、多层次、多渠道的科技投融资体系。

三、主要成效

（一）抢抓长三角一体化机遇，形成昆山开放型经济新的区位优势

近年来，国家先后出台了《长江三角洲地区区域规划》《苏南现代化建设示范区规划》《依托黄金水道推动长江经济带发展》《长江经济带综合立体走廊规划》一系列国家战略。这为长三角地区带来了国家战略聚焦、加速产业转型、深化改革开放、推进城市国际化等种种机遇。长三角地区进入了优化结构、转型升级的新时期，长三角合作也进入了率先发展、创新发展、协同发展的新时期。昆山地处长三角核心地带，在新一轮长三角一体化发展中，主动接受上海的辐射带动，充分发挥昆山自身综合优势，与上海错位发展，在长三角分工合理、各具特色的产业格局中占据一席之地。当前，长三角和长江经济带海关通关一体化已正式启动，长三角在国家战略布局中的地位作用进一步凸显，发展空间进一步拓展。积极应对，主动作为，这些机遇将成为推动昆山开放型经济转型升的新的区位优势。

（二）抢抓经济结构调整机遇，形成昆山开放型经济新的产业优势

从资本结构看，在大力引进外资的同时，昆山从2004年开始提出"外向带动，民营赶超"的发展思路，大力实施"外向配套"战略，发展壮大民营经济，外向依赖度和外资依赖度持续下降，资本结构不断优化；从产业结构来看，昆山依托庞大的制造业基础大力发展生产性服务业，促进第三产业的发展。2008年以来，昆山市服务业始终保持了高速增长的态势，占GDP比重每年提高2个百分点左右，2014年服务业对经济增长的贡献率达到59.2%。

总部经济、现代金融、商贸物流、会展经济、电子商务等现代服务业加速发展,初步实现了二、三产业的联动发展,产业结构不断优化提升。从产业升级看,昆山原本是以劳动密集型、加工组装类的制造业为主,处在产业链的中低端。近年来大力实施"3515"计划,抢先布局战略性新兴产业,加速向产业链的中高端攀升,已形成新型平板显示、高端装备制造、新材料、智能电网和物联网、节能环保、新能源等六个产值超百亿元的新兴产业。昆山经济结构调整起点高、起步早,已初步形成推动昆山开放型经济转型升级的新的产业优势。

(三)抢抓载体平台建设机遇,形成昆山开放型经济新的集聚优势

开发区是开放型经济发展的重要载体,推动昆山开放型经济转型升级,必须在完善开发区功能、抢抓载体平台建设机遇上下功夫。昆山已经形成了一系列级别不同、功能各异的载体平台,推动重点园区功能突破、资源整合和政策共享,使园区经济向"大平台经济"转变。昆山经济技术开发区定位于转型升级的先导区,重点突出主导产业的先进制造功能,着力打造光电产业园、现代装备制造产业基地。依托国家级综合保税区,加快建设加工制造、贸易、总部结算、物流分拨、研发、售后服务"六大中心",打造有效监管和便捷通关相结合的特殊经济功能区。昆山高新区是全国首家设在县级市的国家级高新技术产业园区,定位为新兴产业的实验区,着力打造产业集聚、成果转化、科技人才、科技金融"四大高地",建设具有国际影响力的现代科技生态新城。花桥经济开发区定位为现代服务业集聚区,充分发挥临沪对台优势,抢抓上海"四大中心"建设、自贸区建设等机遇,推动金融外包、总部经济、商贸服务等产业集群。昆山旅游度假区定位为服务业提升区,重点发展以休闲度假、运动休闲、健康医疗、文化创意等为代表的高端服务业,重点打造海峡两岸(昆山)国际健康产业园、昆山爱飞客航空商务创意城、"东方湖区"休闲度假旅游综合体、千灯古镇古村落旅游圈,促进旅游提质增效,推进产业结构优化,提升城市品质品位,加大生态环境建设,把旅游度假区打造成昆山转型的又一个增长极。昆山深化两岸产业合作试验区定位为两岸产业合作转型升级的先行先试区,目标是打造两岸中小企业深度合作的重要载体、两岸交流合作模式创新的示范平台,主要任务是在推进两岸产业深

度对接、两岸服务业合作、两岸金融业创新合作等方面构建新机制,实现新突破。五大平台你中有我、我中有你、错位发展、良性互动,为推动昆山开放型经济转型升级集聚新的优势。

(四)抢抓创新要素流动机遇,形成昆山开放型经济新的创新优势

创新要素是推动昆山开放型经济转型升级的重要支撑和全新动力。昆山高度重视人才与技术、资本、市场的有效对接,推动经济发展从要素投入向创新驱动转变,提出"像招商引资一样招才引智",把人才作为创新驱动最为宝贵的资源,累计引进和培育国家"千人计划"人才89人,江苏省高层次"双创"人才69人,全市人才保有量达32万人,人才贡献率达47%。构建了汇集"政产学研金介"要素的科技创新体系,开展协同创新,形成了"一院三区N基地"的科技创新格局,打造科技创新要素支撑高地、区域创新服务体系高地和高新技术产业发展高地,创新能力不断增强。昆山高新区入选苏南国家自主创新示范区,享受与中关村科技园区同等的政策和配套措施。2014年全市高新技术产值占工业总产值比重达到49%,全社会研发投入占GDP比重达2.9%,科技进步贡献率为61.4%,初步达到了发达国家水平。同时,注重发挥金融支撑对科技创新的杠杆作用,大力推进科技与金融的高效结合,建设金融街、基金园、财富广场等金融载体,设立创新股权投资母基金,吸引股权基金投资公司120余家,实现了创新驱动与财富驱动相得益彰。

四、启示作用

(一)理念创新,推动"昆山之路"从头越

进一步转变发展理念,以理念创新推动开放型经济转型升级。一是转变政府职能,树立市场配置资源的发展理念。随着市场经济的不断发育完善,政府要加快转变职能,通过全面深化改革和推进法治建设,进一步简政放权,减少行政干预,打破制约开放型经济转型升级的深层次障碍,充分激发市场的活力和全社会的创造力,让市场这只无形的手在资源配置中起决定性的作用,为企业发展营造稳定、透明、可预期的法治化环境。二是关注民生福祉,树立以人为本的发展理念。发展开放型经济的最终目的是为了改善民生,因此,在推进开放型经济转型升级的同时,要树立以人为本的发展理念,让开放型经济发

展的成果更多地惠及百姓。三是保护生态环境,树立绿色低碳可持续的发展理念。良好的生态环境是开放型经济可持续发展的重要保障,开放型经济转型升级的重要意义之一就在于维护良好的生态环境。

(二) 服务创新,打造"昆山服务"升级版

"昆山服务"是昆山发展开放型经济的最大竞争优势,新常态下必须通过服务创新,不断赋予昆山服务新的内涵,推动昆山开放型经济转型升级。一是做到依法服务。政府服务有边界,必须依法依规,公开透明,重点是充分发挥市场在配置资源中的决定性作用,着力构建法治政府、法治社会、法治市场"三位一体"的法治建设先导区,让依法服务成为昆山城市核心竞争力的重要标志。二是做到高效服务。推进政府服务的专业化、集成化、菜单化,通过行政审批制度改革,不断提升政府服务的速度和效率,以高效服务降低企业生产的政策成本和时间成本,提升企业的竞争力。三是做到特色服务,体现服务的针对性、精准度和个性化。以机关服务品牌创建和星级服务品牌评选活动为抓手,不断挖掘服务潜力,增设服务项目,扩大服务内容和服务对象。

(三) 科技创新,引领"昆山智造"新发展

科技创新是开放型经济转型升级的重要推动力,也是提升昆山在全球产业链和价值链中地位的重要途径。要抢抓苏南国家自主创新示范区建设机遇,深化与国内外高校、科研院所的产学研合作,集聚创新资源,搭建公共平台,创新体制机制,完善科技金融体系,抓好特色产业基地建设,不断提升开放条件下的自主创新能力。大力推进工业化与信息化深度融合发展,以信息化带动工业化,以工业化促进信息化,推动昆山制造业由大变强。

(四) 功能创新,开创"产城一体"新局面

园区是开放型经济发展的重要载体,要以现代化、国际化、特色化为发展导向,推动昆山开放型经济转型升级。从园区功能突破入手,推进新型工业化与城镇化融合发展,将生产功能、生活功能和生态功能融为一体。城市发展要以产业发展为支撑,防止"空心化";产业发展要以城市为依托,防止"孤岛化"。要以园区规划为有力抓手,协调处理产业与城市的空间关系,保持合理的空间尺度和生态容量,以人为本,综合配套,使人、建筑、功能、环境

的关系实现最优化,促进各板块在功能定位、产业发展上实现合作共赢,在公共服务、基础设施上共建共享,在资源开发、环境保护上协调统筹,加快实现联动协作、齐抓共管、共建共享的功能突破,推动产业园区升级为产业园区2.0版,实现"产城一体"新发展。

(五) 管理创新,释放"三张清单"新红利

在开放型经济的管理方面,要率先引进和复制上海自贸区的核心经验,推广和应用"三张清单"的管理模式,积极进行管理创新,释放改革红利,增强昆山开放型经济的活力和水平。在投资监管领域,实行"负面清单"制度,明确企业不该做什么,做到"法无禁止皆可为",充分发挥企业的主体意识和创造力,让市场在资源配置中起决定性作用;在更好履行政府职能方面,向全社会公布《昆山市行政审批事项目录清单》《昆山市市级部门行政权力清单》《昆山市行政事业性收费目录清单》《昆山市政府部门专项资金管理清单》4张政府权力清单,将行政权力以清单的形式一一列举,接受社会监督,真正让权力在阳光下运行。同时,权力意味着责任,因此权力清单也是责任清单,要做到"法无授权不可为"和"法定职责必须为"兼容并举,最大限度地减少对微观事务的直接管理,更加注重事中事后监管,让错位的正位,让缺位的到位,让越位的归位,从而更好地履行政府职能,全力打造有限政府和有为政府,创造法治化的营商环境,推动昆山开放型经济转型升级。

(六) 制度创新,探索"区镇联动"新机制

制度创新是推动昆山开放型经济转型升级的根本保障。当前,昆山开放型经济发展进入新常态,也面临着许多亟须破解的瓶颈制约。打破这些瓶颈制约,必须从探索体制机制改革入手,实现昆山开放型经济的转型升级。在制度创新方面,昆山以实施区镇联动发展为突破口,大力优化资源配置,加快发展方式转变,谋求改革突破,增创区域竞争新优势。要从市域要素统筹、区镇资源融合两个层面着手,打破昆山内部行政区划束缚,统筹利用全市土地资源,提高单位土地 GDP 产出,为开放型经济的进一步发展提供土地要素支撑。采取"以区带镇""以区管镇"两种方式加速区镇资源整合,按照"统分结合、逐步融合、资源整合、一体发展"的原则,整合全市各类优质资源,促进开放型经济更加协调、可持续发展。

思考题

1. 昆山市产业转型升级规划与苏州工业园区和苏州高新区有哪些异同点?

2. 你认为昆山市产业转型升级实践的可复制性的关键制约因素是什么?

案例四 木渎镇：城乡一体化背景下的产业转型升级

一、基本情况

具有2500多年历史的古镇木渎,在新中国半个多世纪的发展历程中,经历了从姑苏鱼米之乡到吴县西部工业重镇,再到苏州西部新城的演进过程,演绎了从农业经济社会走向工业经济社会,再迈向城市经济社会的蜕变轨迹。它是人类社会不同时期经济社会转型升级的缩影,这种经济社会的转化均以产业转型升级为物质基础,同时伴随着人们观念、思维、理念等精神要素的转化,更是依托于经济社会机制体制的适时变革。

木渎镇根据苏州市委关于"三区三城"的总要求,依据苏州市城乡一体化发展的总体规划,抓住木渎胥江运河以北20平方公里纳入苏州中心城区和木渎镇列入市城乡一体化发展试点先导区的重大契机,进行了大手笔的产业转型升级实践活动,体现出了大智慧和大胆略。

二、主要做法

(一)科学合理谋划产业布局,为产业转型发展空间定位

木渎镇在高起点、高标准制定具有前瞻性、系统性、科学性的城市建设和城乡一体化发展总体规划中,科学谋划产业布局,为产业转型升级空间定位,具体以四大区域经济板块进行布局:

其一,木渎新区加快第二产业向第三产业转型,大力发展楼宇经济、总部经济、创新创意产业等城市现代服务业。将现有200多家工业企业,用3~5年的时间逐步向金桥开发区转移。

其二,金桥开发区加快工业产业集聚。对该区现有100万平方米标准厂房内的工业企业实施提档升级和调优结构,重点发展和培育精密机械、节能环保及汽车零配件、汽车用品等三大支柱产业。

其三,旅游产业区加快旅游业态拓展。从原来单一古镇观光游向藏书地区的生态观光、休闲养生度假游拓展,打造旅游特色线路和特色品牌,构筑木渎大旅游新格局。

其四,山陵文化区逐步跳出传统殡葬文化理念束缚,谋求现代殡葬文化产业发展。进一步加大墓区及周边环境整治力度,打造集园林、餐饮、休闲娱乐等为一体的综合开发区。

(二)集约整合不可再生的土地资源,为产业转型升级提供基本要素保障

产业转型升级,离不开土地资源利用结构的调整。由于木渎镇原是吴县县属工业密集区,又是乡镇企业异军突起的草根工业重镇,工业化发展呈现不同历史阶段的现状,土地利用的集约化程度低,分散凌乱;加上原有农民住宅分散,在农业经济时代,为了方便生产,农宅散落于不同的自然村。要想集约化利用土地资源,绕不过两个置换环节,那就是企业用地的回购和居民住宅的拆迁安置,形成了当前经济社会发展中的两大难题,也是产业转型升级的必过之关。木渎是如何闯关的呢?

1. 公正合理、适时有节地进行企业回购

2007年至2008年,木渎用20亿元资金回购了占地3000亩的各类企业近30家。以后三年,用20亿~30亿元资金回购企业占地4000亩。在具体操作中抓住四个环节:首先,摸清企业底数,尤其是产权属性,分别情况逐个制订回购预案;其次,聘请有资质的社会资产评估机构进行公正评估;其三,组织相关领导、财会人员、关系人与企业主进行洽谈、磋商;其四,谈判人员要熟悉相关法律,懂得谈判策略和技巧,并不厌其烦地做细致工作,直到成功签约实施。如木渎镇最大的一宗回购案是金猫水泥厂,从2009年7月开始着手至12月签约,用了整整半年时间,回购价从15亿元降到9.5亿元。

2. 以人为本、人性化地进行民宅拆迁安置

经过几年的努力,全镇的拆迁安置工作基本完成。在拆迁安置工作中,镇党委戈福林书记曾动情地说过,农民把自己的口粮田、责任田、自留地,甚至宅基地都给了政府和集体的经济社会事业建设,政府决不能亏待失地农民,拆迁安置一定要尽最大努力让群众满意。木渎镇做到在承包地换社保和集体资产折股量化分红到户的基础上,住宅和宅基地换住房加补贴,并有分红的长效增收机制。每户可获得大中小三套住房,总面积为240～264平方米,平均每户还能领到30多万元房价差额补贴,可用于新房装饰;没有现房安置的,可获多项租房补助,足以支付租金并有结余;同时,凡安置安居商品房的农户,每户在合同签约后再奖励8万元现金,若不拿现金,可入股镇惠民股份合作总社,每年享受基本红利保底2万元。这些优惠政策有力促进了拆迁安置工作的顺利开展。

(三)创新优化投融资机制,为产业转型升级多渠道多形式配置资金要素

产业转型升级,也离不开资金要素的合理有效配置。其间,不但涉及市场主体地位的企业,还涉及引导产业转型升级的地方政府。木渎镇的做法有以下几种。

1. 多形式组建六家镇级投融资公司,进行公司化运作

投融资平台的建立为木渎经济社会建设和产业转型升级提供了资金支撑。第一类是创业投资公司,有金桥经济城公司、新区经济城公司和风险投资公司;第二类是为中小企业发展融资的小额贷款公司;第三类是为保障拆迁安置农户每年保底2万元分红的润济置业和惠润置业有限公司。通过投融资公司向银行和非银行金融机构筹措建设资金,用于企业回购和民宅拆迁安置的大量流动资金的周转,然后从土地出让过程中,把资金回流到金融企业,同时,镇里也获得城市基础设施建设和社会公益事业建设的资金来源。

2. 村级组建各类物业股份合作社,进行市场化运作

全镇有7个行政村(社区),拥有9家物业股份合作社,吸纳社区农民15868万元闲散资金,不但为产业"退二进三"的转型升级提供了重要的资金渠道,又为农民增加了可靠而稳定的投资性财产收入。如香溪社区原金星村全体村民,现金入股人均2万元,加上集体存量资产折股分红,2014全年镇村三种股份合作社共计分红1.31亿元,增长11%,其中增幅最快的是香溪社区,同比增长50%,户均分红达5万元,稳居全市前茅。

三、主要成效

木渎镇产业转型升级已初露端倪,尤其是第三产业业态正从低端逐步向高端转化,其发展趋势呈现五大特征。

其一,传统商贸服务业向科技服务业转化。木渎镇原有第三产业以商贸餐饮业为主,近年来创新创意科技服务业悄然崛起,东创科技园、博济科技园、吴中国家科技创业园等八家科技园先后落户木渎新区。以同济大学苏州研究院为先导,大力度推进政产学研合作,打造金枫路创新创意文化街区,向高端现代科技服务业迈进。

其二,延伸汽车销售产业链,将汽车市场相关产业培育成支柱产业。木渎凯马广场建于2003年,总规划占地1500亩,初步形成了集汽车贸易、汽车商务、汽车文化、汽车运动和汽车休闲五大功能于一体的汽车商圈。目前已有30多家汽车4S店,2家汽车用品商店,一个2S汽车精品城。经营的汽车著名品牌有奥迪、奔驰、沃尔沃、雪铁龙、尼桑等45只品牌。另外,汽车用品、汽车配件、两手车交易等市场正在建设中,目前汽车销售额已占苏州市区半壁江山。

其三,从单一古镇观光游镇与生态观光休闲养生游相结合的木渎大旅游格局转化,构建木渎镇第二大支柱产业。一是开发完善古镇观光旅游。在现有4个景点、1座寺庙的基础上,恢复重建东街上清代古建筑遂初园,该景点是《姑苏繁华图》上唯一的园林,并恢复城隍庙;将南街打造成木渎的平江路;将西街改造成收藏古玩一条街。二是深度开发藏书山林生态养生旅游资源。在初步建成的白象湾景区基础上,开发建设五峰山景区;在天池山景区旁开建苏州野生动物园;同时,进一步拓展藏书羊肉美食旅游,利用藏书传统花卉苗木市场供游客欣赏购物。通过各类旅游项目,吸引更多游客去木渎,最终建成目的地旅游,让游客住下来,延长休闲养生时间,增加人气,从门票经济型转化为综合经济效益型。

其四,山陵文化产业从传统墓葬向现代墓葬转型。一是改造老公墓,对现有20万穴公墓逐步通过有偿装饰改造,向欧式墓、艺术墓转化,进行园林化管理;二是逐步推广花葬、树葬,节约用地,美化环境;三是将公益性公墓与经营性公墓实行分区经营管理。

其五,资本市场日趋活跃,产业资本逐渐向金融资本转化。一是多元化组建的小额贷款公司,资本金3亿元,目前公司只贷不吸储,已向中小企业发放贷款4.5亿元,预计获利率为15%,三年后公司将转化为村镇小银行,这是中国金融体制改革的试点;二是依托苏州国发投资公司和华顿国际投资公司组建两家投资公司,3~5年内资本可翻3~5倍;三是镇旅游发展实业公司设想:经多年拓展扩张,通过旅游资源整合包装上市,进入资本市场后快速发展。这种在实业发展的基础上,通过资本运作进入规范的资本市场,同时将产业资本渗入金融业,是产业转型升级的一种升华趋势。

四、启示作用

木渎镇产业转型升级的实效和发展趋势良好,有其个性的一面,即经济发展基础良好、区位优势明显等特殊的客观物质因素;又有其共性的一面,即抢抓机遇、勇于创新等主观能动的精神因素。

(一)抢抓机遇,加快产业转型升级

1. 转危为机

始于2008年下半年的世界金融危机,其冲击波及世界各地经济发展,理智应对者认为是调整经济结构的机遇期。木渎镇在这场危机中,政府加大了对高能耗、低档次、有污染的不景气企业的回购力度,通过融资平台用近20亿资金回购了3000亩工业用地。如用1.7亿元回购占地168亩的华格电子公司,既使华格电子厂在经济危机中解了套,又使政府通过168亩土地上市拍卖增值,获得了7.6亿元的土地出让收入。

2. 抢抓政策机遇

木渎镇作为苏州市城乡一体化试点的先导区之一,市委、市政府出台了新的优惠扶持政策,为城乡一体化发展中产业转型升级提供了政策性资金支撑。

3. 抢抓大交通机遇

苏州地铁1号线的建成通车,将苏州工业园区金鸡湖东经济板块与木渎镇新区全线贯通。吴中区东西大通道宝带路西延至木渎金桥开发区,为木渎经济发展开辟了两条大动脉。另外,苏州市改建的南环快速通道西延

工程改善了苏福路木渎段的畅通状况。

面对三大难得之机遇,木渎镇党委、政府抢字当头,时不我待,这种精神难能可贵,领导者清醒意识到有些机遇是稍纵即逝的,抢为上策。

(二)创新体制,保障产业转型升级

城乡一体化发展背景下的产业转型升级,是以政府主导、市场运作、科学合理配置生产要素的经济转型实践活动,它需要新的管理体制来配套。木渎镇在原有管理体制的基础上,做了新的探索。

1. 突出重点,增强经济和行政双轮驱动力

一是成立镇经济工作管理委员会,下设政研、资产、金融、综合、项目、规划等六个办公室。由一名党委副书记兼任主任,其职能是对全镇经济发展从规划、业态定位、建设、招商、运行、服务等方面进行指导、监督和考核。二是成立镇"三化"管理办公室,由一名党委副书记兼任主任,其职能是推动农村社区"属地化、网格化、小区化"管理,推进"城中村"拆迁安置工作。

2. 板块管理,强化区域经济的责权利

镇党委、政府除了常规对10个行政村(社区)的村域经济社会各项工作的指导、监督管理和绩效考核外,还将金桥开发区、新区、旅游产业区、山陵文化区等四大区域,分别组建管理委员会,由副镇级领导为主任组建领导班子和工作机构,明确责权利,进行绩效考核。此外,还组建镇惠民股份合作总社,明确目标任务,通过资本运作,保障拆迁集中安置户每年至少2万元的红利分配。

通过上述管理体制的创新举措,充分调动各级干部和工作人员的积极性和责任性,为实施产业转型升级,实现"三年翻一番,六年翻两番"(指全口径财政收入、地方一般预算收入、镇村集体经济收入在2009年基础上的指标)的经济发展总目标提供强有力的组织保证。

(三)统筹兼顾,把握适度的产业构成

1. 把握适度的房地产业比重和结构

房地产业是我国经济社会发展的支柱产业,目前因房价居高不下,争议很大,但这一产业对经济社会发展的积极作用不可否定,它带动了相关产业发展,但其所占比重要适度。木渎镇的领导在实践中意识到,商品住宅量无

限扩大,外来人员过多,将造成学校、医院、文化娱乐等社会公益性管理成本膨胀,使地方财政不堪重负。投资性商品住宅过多,将造成房屋空置率过高,形不成城市气息,必须有效控制,适度发展。

2. 第三产业发展不以制造业发展萎缩为代价

木渎镇处在后工业化时期,三产增加值占国内生产总值比重逐步上升属良性发展状况。2014年底,第三产业占比达到54.5%,比2010年增长了4.5个百分点。新兴产业产值和高新技术产值分别占规模以上工业总产值的比重为33.8%和34.3%。木渎领导层认为,三产比重上升以经济总量增长为前提才算得上良性发展,换句话说,第三产业发展不能以制造业萎缩为代价,而要求第二产业内部结构转型升级,实施"抓大育小"策略,优质大企业创造条件争取上市。目前永盛混凝土股份有限公司已上市多年,天马医药化工股份有限公司也已上市,同时,政府大力扶持工业企业设立研发机构,创新科技。面广量大的中小工业企业要优化产品结构,培育自主创新、自主品牌、自主知识产权企业,大力发展以新能源、新材料、新技术等新兴产业为主导,尽快形成木渎的精密机械、节能环保及汽车零配件、汽车用品等三大支柱工业产业。

思考题

1. 木渎镇的产业转型升级规划的主要特色在哪些方面?还需要注意哪些方面?

2. 地处城乡结合部的木渎镇的产业转型升级,要更好地处理集体资产的保值增值问题,对此你有什么好的建议?

第三章　苏州农业的转型升级

概　述

"十三五"时期是走中国特色农业现代化道路的关键阶段,而农业现代化就是传统农业向现代农业转型升级发展的历史过程,是包括种植业、畜牧业、渔业和林业在内的整个大农业不断引进现代生产要素和先进经营管理方式实现转型发展的过程,也是涉及整个农业产业链转型发展的过程。近年来,苏州市上下坚持以城乡发展一体化为统领,强化农业生产生活生态功能定位,认真落实"四个百万亩"产业布局,现代农业建设取得了明显成效,连续四年在全省现代农业指标体系监测中位列首位。当前,经济发展进入新常态,要素资源、生态环境的制约日益凸显,构筑现代农业产业体系、培育新型经营主体、提升科技装备水平的任务十分艰巨。从全局来看,农业还是"四化同步"的短腿,农村还是全面小康和现代化建设的短板。今后一段时期,苏州将根据中央、省农村工作会议和市委十一届八次全会部署,按照生产技术先进、经营规模适度、市场竞争力强、生态环境可持续的要求,加快转变农业发展方式,着力在空间形态、产业体系、经营主体、科技装备、生态环境、农民增收上实现新突破,当好率先实现农业现代化的先行军、排头兵。

一、苏州现代农业发展状况

2014年,苏州市实现农林牧渔业总产值392.49亿元,按可比价计算比上年增长3.2%。全年粮食总产量110.46万吨,比上年下降2.4%,其中夏粮总产量37.15万吨,比上年增长1.8%;秋粮总产量73.31万吨,比上年下降4.3%。年末高标准农田面积108.77千公顷,高标准农田比重达到67%,设施农(渔)业面积46.49千公顷,现代农业园区总面积63.33千公顷。全年新增无公害农产品、绿色食品和有机食品126只。"三品"产量占食用农产品产量的30%。农业综合机械化水平达87.5%,农业现代化综合指数连续四年位居全省首位。

城乡一体化改革有序推进。苏州被国家列为城乡一体化综合改革试点。2014年年末全市农村"三大合作"组织达4412家,持股农户比例超过96%。农村集体经济总资产达1490亿元,村均集体经济收入718万元,分别比上年增长10.4%和10.5%。全市共有专业大户15217户,家庭农场119个,从事农业生产经营的专业合作社1720家,合作农场117家。全市15个镇129个村开展农村承包土地确权登记颁证试点工作。

二、当前苏州农业经济发展存在的问题

(一)种植业不确定因素较多

种植业生产面临不确定的恶劣气候、病虫害的影响;面临耕地、资源瓶颈制约;面临农资价格上涨、劳动力成本攀升、市场的不确定性等风险因素,持续提升效益难度增大。

(二)畜禽市场不稳定

猪肉价格波动对养殖户的影响较大,养殖户很难摸透价格的市场变化,不敢轻易出栏、补栏,且中间环节成本上涨也部分转嫁到养殖户身上。禽肉价格也是起伏不定,禽流感成了养殖户和养殖企业的心病,后期不确定因素较多,对家禽养殖造成了不利的影响。

(三)务农人才缺少

农村有知识、有文化、懂技术的青壮年劳动力多数在企业打工,很少愿意留在农村务农,务农人员年龄结构老龄化严重。虽然近年农业指导力度不断加大、农业科学宣传增多,但实际务农人员知识层次仍然相对较低,落实技术、应对市场变化的能力较弱,尤其在市场变化较大的蔬菜、养殖行业,务农人员在市场中往往处于弱势。

三、苏州农业转型升级的主要任务

（一）构筑空间布局新形态

按照"四规融合"的要求，统筹考虑农田、村庄、水系、道路等要素，科学确定重点村、特色村，划定永久保护农田，使田园风光和江南水乡特色更加鲜明。进一步优化提升"四个百万亩"，制定长效保护措施，建立优化调整机制，实现占补平衡，确保总面积不少于 410 万亩。强化片区规划理念，编制农业产业布局规划，优化农业空间布局，加强农田综合整治，开展占用耕地耕作层剥离再利用，形成集中连片、适度规模的空间布局。加快现代农业园区建设，进一步提升国家级、省级现代农业园区水平，继续开展市级园区认定工作，拓展园区发展内涵，提升园区建设水平，形成一批基础设施配套、功能完善、要素齐全、合作开放的现代农业园区，2015 年新增农业园区面积 10 万亩以上。

（二）构建农业产业新体系

充分挖掘各地资源禀赋和比较优势，积极推进农业结构调整优化，着力打造以优质水稻、特色水产、高效园艺、生态林地和规模畜禽为主导的农业产业体系。推进一、二、三产业融合发展，注重农产品精深加工，延伸农业产业链，提高农业附加值，大力推动农业产业化。深度挖掘传统优势，注重品种品质品牌联动，加快无公害农产品、绿色有机食品和地理标志产品的认证，大力培育一批品牌响、市场占有率高的"苏字号"精品特色农业品牌。创新产销对接模式，支持供销合作社、物流、商贸等企业参与电子商务平台建设，推动物联网、互联网金融与实物营销相结合，引导支持网上销售，鼓励连锁专卖、配送直供、农超对接。完善农产品市场体系建设，加快建设苏州市现代农产品物流园。结合农村旅游，制定全市生态休闲农业产业发展规划，培育一批特色景观旅游镇村、休闲观光农业景点、魅力乡村，打造一批乡村旅游精品线路，推动农旅融合发展。

（三）培育农业经营新主体

引导土地承包经营权向土地股份合作社等集体经济组织有序流转，积极发展多种形式适度规模经营。大力培育以合作社、家庭农场为主的新型经营主体,着力构建合作社、家庭农场、专业大户、农业龙头企业等主体多元并存,集约化、专业化、组织化、社会化相结合的新型农业经营体系。发展壮大专业合作社,规范管理运行,完善利益分配机制,提升质量和水平。积极引导专业大户逐步向家庭农场转型,组织开展示范性家庭农场认定,使家庭农场成为发展现代农业的有生力量。引导工商资本特别是农业龙头企业发展适合企业化经营的现代种养业、农产品加工流通业和农业社会化服务,向农业输入现代生产要素和经营模式。加大职业农民培育力度,建立职业农民学习资助、创业扶持、社会保险等政策机制,通过全日制学历教育、在职继续教育、短中期集中培训等形式,加快建成年龄结构合理、专业层次分明、技能领先实用的新型职业农民队伍,力争每年培育职业农民1500名以上。

(四)提升科技装备新水平

推进农业生产条件和生产技术现代化,为农业发展提供物质保障和技术支撑。制定高标准农田建设规划,加快农业基础设施改造提升,今后三年每年建成高标准农田8万亩以上。加强粮食基地和"菜篮子"基地建设,发展设施蔬菜、设施渔业和生猪规模养殖等高效设施农业。巩固提高粮食生产机械化水平,加快发展蔬菜、果品等园艺业的特色农机,2015年综合农机化率达到88.5%。突出科技强农,加大农业种植资源的保护和开发力度,开展生物农业、种源农业、设施农业、生态农业、农产品精深加工技术等重点领域的技术攻关,加快科技成果转化应用,逐步建成农业产业技术体系,2015年农业科技进步贡献率达到68%。实施农业信息化"三年行动计划",建设一批农业物联网示范基地,加快建成市、市(区)两级综合服务平台,开发一批农产品质量监管、产销对接等信息化专业系统,不断提高农业的智能化生产、现代化管理、科学化决策水平。大力推广农业标准化生产和清洁生产,重视农田土壤污染防治,强化农产品质量安全监管,把好产地准出和市场准入两道关口,切实为群众打造"舌尖上的安全和美味"。

(五)打造鱼米之乡新风貌

坚持把山水田林路村作为一个整体,统筹推进美丽村庄建设和田容田貌整治。持续推进"绿色苏州"建设,切实保护森林资源,加大森林抚育力度,加大乡土树种的保护利用,优化森林、树种结构,保护生物多样性。加强湿地保护管理,加大国家级、省级、市级湿地公园创建力度,构建以"生态、景观、休闲"为主要特征,布局合理、物种多样、水绿相融、景观优美的湿地生态系统,2015年自然湿地保护率提高到50%以上。加强农村水环境综合整治,全面实施农村生活污水治理,根据所在区位及纳污能力,因地制宜采用接管进厂、分散式独立处理设施和人工湿地等方式,力争通过三年努力,农村生活污水处理率达到80%以上。完善落实农村垃圾"村收集、镇转运、县(市)处理"长效机制,积极探索堆肥等农村垃圾资源化利用、就地减量化的新途径。推广合理轮作、种养结合、测土配方施肥、生物农药、尾水湿地净化等生态循环农业模式和技术,推进退网还湖、退网还河和生态养殖,切实减轻农业面源污染。积极开展农业废弃物转化利用,探索农作物秸秆原料化、燃料化、饲料化综合利用新途径,2015年农业废弃物综合利用率达到97%以上。加强重大动植物疫情防控,强化畜禽屠宰监督管理,加大畜禽养殖废弃物规范管理,推进病死畜禽无害化集中处理场(中心)建设。

(六)促进农民收入新增长

强化对农业的支持保护,落实好农业保险、生态补偿、粮食直补、良种补贴、农机补贴、农资综合补贴、粮食价外补贴等政策,提高种地集约经营、规模经营、社会化服务水平,切实增加农民务农收入。实施更加积极的就业政策,完善城乡统一就业机制,加强岗位技能培训,拓宽农民就业渠道,提高农民就业质量。鼓励农民自主创业,引导和支持农民发展农家乐,开办农产品网店。积极在现代农业园区设立创业园、科技孵化基地,为大学毕业的新型职业农民提供创业支持。深化股份合作,全面开展农村产权制度改革,赋予农民对集体资产股份占有、收益、有偿退出及抵押、担保、继承权。2016年全面完成农村土地承包经营权确权登记颁证工作。加快闲置或低效利用集体资源资产的优化整合,盘活存量集体建设用地,创新落实"一村二楼宇"政策,做强做优富民载体。切实加强村级集体资产监管,推动股份量化、"政经分离",完善收益分配机制,提高股份合作经济组织分红水平。

四、苏州市推进农业产业化发展的主要措施

当前,苏州市农业现代化建设已进入整体推进、全面突破、大见成效的

时期,面对新形势、新任务、新问题,必须以科学发展观为指导,把农业产业化龙头企业建设作为"三农"工作的重中之重,按照统筹城乡发展要求,以新思路、新举措、新作风、新作为强势推进农业产业化经营稳步快速发展,为率先基本实现农业现代化提供强有力支撑。

（一）以建设龙头企业为突破口,强化政策惠农强农力度

把龙头企业发展作为提升农业产业化水平的关键环节,采取力度更大、措施更硬、操作性更强的扶持优惠政策。一是认真落实关于扶持龙头企业发展的相关政策。一方面,严格按照省政府《扶持农业产业化发展实施意见》要求,加大宣传力度,落实好财政支持、退税减免、用地、用水、用电、融资、绿色通道以及规模扩张、技改、联合与合作等方面的优惠政策。另一方面,选择一批具有一定规模、成长潜力大、市场前景好的市级以上龙头企业,尤其是科技型、加工型和物流配送型企业,予以重点扶持,促其尽快膨胀规模、壮大实力,参与国内外市场竞争。二是调整完善财政资金对农业龙头企业和农业产业化项目扶持政策。按照企业不同类型、产业不同特性、带动农户多少等,分类制定财政资金的扶持补贴政策,区别设置农业企业晋级标准,加大财政投入力度,实施"农发通"小额贷款项目,支持农业产业化龙头企业发展。三是把农业招商引资作为推进农产品加工企业发展的重点。鼓励和引导各地进一步加大农业招商引资力度,广纳社会闲散资金,大力发展各种类型的农产品加工龙头企业,拉长农业产业链,提升农业产出率。四是探索完善龙头企业与生产基地和农户利益连接机制。引导农业龙头企业与生产基地和农户通过建立风险基金、贷款担保基金、贷款贴息,实行股份制、股份合作制、合同订立等方式,健全紧密型经济利益关系。

（二）以促进主导产业发展为目标,合理布局农业龙头企业

积极引导各地根据国际国内市场需求,围绕各自的主导产业和特色产品,建设农业龙头企业,重点培育发展农产品精深加工型企业。如张家港市可依托常阴沙农场和凤凰两地,分别发展粮食、蔬菜和果品加工企业,促进农产品增值;太仓市可依托国家级农业产业化示范区,发展农产品精深加工和生物科技型农业企业;昆山市可依托巴城、张浦,发展葡萄加工、阳澄湖大闸蟹营销和果蔬加工企业;常熟市可依托董浜、支塘,发展蔬菜加工、配送和

粮油加工企业；吴江区可依托七都、镇泽、桃源，发展蚕丝加工和鸭业深加工、配送以及黄酒加工企业；吴中区可依托东山、金定，发展果茶加工和太湖大闸蟹配送企业；相城区可依托黄埭、东桥和阳澄湖，发展果蔬加工和阳澄湖大闸蟹营销企业；高新区可依托树山，发展果蔬加工和休闲观光型农业企业；工业园区可依托蒲田农庄和富硒生物科技有限公司，发展果蔬加工、休闲采摘以及生物科技型农业企业。

（三）以推动农业标准化生产为支撑，提升农产品质量档次

积极引导农业龙头企业树立质量意识、品牌意识和名牌意识，采用国际标准、国外先进标准以及出口目标国的标准组织生产、加工农产品，并在包装、储运方面狠下功夫，建立相应的质量管理体系和企业产品标准，提高质量档次。同时，督促种养型农业龙头企业积极建设安全优质和无公害产品生产基地，按照"三品"相关标准和要求实施产业化开发、企业化运作，并建立健全农产品质量追溯体系，实行农产品全程质量控制。

（四）以实施"菜篮子"工程为抓手，加快现代营销体系建设

一是扶持发展一批大型农副产品市场，加快建设一批加工、冷藏保鲜企业和配送中心，打造一批农产品品牌经营连锁和"永不落幕的农交会"。二是大力培育农产品产销对接经营主体，发挥基地、农业企业、合作社在农产品产销对接中的主导作用。三是鼓励开展"农超对接"，引导支持与大型超市、居民社区、团体企业、宾馆饭店等直接对接，保障市场供应，基本稳定物价。四是创导地产农产品"直供专销"模式，扶持建立直供区、专销点，畅通产销渠道，稳定产销关系。五是举办各类农业节庆、专场推介和展示展销，广泛开展广场营销，积极组织农产品进社区和市民进基地等活动，扶持发展网上营销、网上配送、物流配送等新型营销方式。六是健全强化农产品需求监测和预警预报机制，及时关注市场行情，准确把握农产品价格走势，有效指导生产。七是加快农业信息服务体系建设，把网络终端向龙头企业、专业批发市场、合作经济组织、种养基地和农户延伸，建立健全、高效、准确的农业经济信息收集、整理、发布制度。

五、苏州农业服务体系建设情况

农业服务体系是一个国家农业发展的重要标志，也是衡量一个国家农

业现代化水平的标准之一。2014年中央一号文件明确指出:"要大力发展主体多元、形式多样、竞争充分的服务,推行合作式、订单式、托管式等服务模式,扩大农业生产全程服务试点范围。"苏州在城乡一体化综合改革中,提出"鼓励发展农业服务业,推动农业向二、三产业延伸拓展,完善新型农业服务体系,引导现代农业园区、农业合作组织开展产前、产中、产后一体化服务"。一套完整、成熟、高效的农业服务体系对推动农业发展,实现农业现代化具有重大的促进和推动作用。

苏州的农业服务体系经过了多年的不断演变,逐步走上规范化、科学化、制度化、标准化轨道,在服务模式上主要形成政府主导,企业、专业合作社配合,社会服务机构为有益补充的发展模式。

(一)"政府+农户"服务模式

政府涉农部门对农民提供无偿或微利的农业服务,主要包含生产服务和产外服务两个方面。生产服务主要是对农户提供良种、农机、植保、动植物疫病等方面的技术咨询或培训,进行农业生产经营相关项目的确立及实施等。产外服务主要是农业研发、农产品展销、农业信息服务、农业金融服务等综合服务。目前,苏州市的绝大部分粮食种子供给、生猪防疫、粮食种植保险、农产品展销会等都是这种模式。

(二)"企业+农户"服务模式

这一模式即目前行之有效的农业产业化模式,主要以企业为主导,相对而言服务供给方式较为灵活。企业以农业龙头企业为主,通过建立合理的利益联结机制,农户与企业之间以订单或经纪人进行有效连接,利益共享,风险共担。常熟市海明现代农业发展有限公司就是以这一模式为农户提供农业服务的。公司带动农户实行规模化种植、基地化管理、标准化生产、组织化运作、超市化销售,辐射带动周边农户1600多户,面积8000多亩。这一系列规范化的农业服务运作,促进了农业种植规范化和农民收入多元化,同时也有效提升了公司产能。

(三)"专业合作社+农户"服务模式

这种合作模式是以各类合作经济组织为主导,其本质是小规模农户在自愿基础上联合起来形成团体进行自我服务,其宗旨是代表农户自身利益,具有很强的可操作性。在苏州市农村合作社蓬勃发展的基础上,"专业合作社+农户"有着广阔的发展空间。吴中区东山镇的吴侬茶庄就是这一模式的典型。吴侬碧螺春茶叶专业合作社基地位于东山镇碧螺村,有 500 多亩自产生产基地和 364 户社员,合作社社员拥有茶园 1500 亩左右。吴侬茶叶合作社对生产基地和社员的茶园均进行农技指导,保证生产出的碧螺春茶叶无污染、无农药残留。合作社挑选二十几名炒茶能手负责炒茶,引进了齐全的检测及化验设备,通过设立门店、电子商务等统一宣传、统一销售,大大提高了其社员茶叶的销售收入。

(四)"社会服务机构+农户"服务模式

社会服务机构提供一些零星化的、综合性的农技服务。这种类型的服务尽管在量上已经不占主导地位,但是也起到了较好的拾遗补缺作用。在公益性服务尚未覆盖的领域,在龙头企业或合作社没有带动的地方,这种模式还在发挥着积极的作用,对其他服务模式也可以起到一定的补充作用。

案例一　常熟：创新引领农业升级增效

一、基本情况

56岁的谢建青是江苏省常熟市董浜镇东盾村的一名蔬菜种植户,种了几十年的蔬菜,这几年老谢可算是轻松了:"现在我的地里,科技含量可高了,既有水肥一体化,又有物联网管理,省工省肥还省力。更重要的是,种出来的菜直接进了超市,一点不愁卖。一亩地挣个万把块钱不成问题。"

董浜镇是长三角地区远近闻名的现代蔬菜生产基地,这里的种植户几乎都跟老谢一样,种地高科技,蔬菜不愁卖。"尽管农业占GDP的比重不足2%,但不能忽视,要在发展现代农业中注重科技创新、服务创新、经营主体创新,不断提升我们现代农业的发展水平。"常熟市委副书记王建国如是说。

素有"锦绣江南,鱼米之乡"的常熟,究竟是如何依靠创新来引领现代农业发展的呢?

二、主要做法

(一)科技创新:高水平引领产业发展就地转化为农民效益

提到常熟农业,绝对不能不提位于常熟的国家农业科技园区。作为全国21家首批试点的国家级农业科技园区,这个集农业科研、生产、示范、推广、科普等功能于一体的科技园区,俨然成为常熟现代农业的"技术指挥中心"。

"现代农业发展,必须依靠科技引领。而国家农业科技园区,正是我们的技术高地。"常熟市农工办主任说,为发展现代农业,优化产业布局,常熟市提出了"一核三带多园区"的思路,其中,"一核"说的正是国家农业科技园区,而"三带"指的是西部的32万亩粮食产业带、南部17万亩水产养殖带和东部 15 万亩的高效蔬菜种植带。

虞山镇勤丰村万亩土地,种植的正是国家农业科技园区选育出来的品种。水稻长势正旺,眼瞅着就能丰收了。自 2011 年成立以来,该园区已经集中示范推广了多种新技术,仅以水稻为例,就已在江浙沪等地推广了 22 个新品种,累积推广面积达到 5000 万亩。

除了国家级的农业科技园发挥着科技引领的作用外,"多园区"的布局则要求常熟的每个乡镇也都拥有适合当地产业发展的科技园,每个乡镇都要与一所高校进行科研合作,让科技真正服务于产业。据了解,目前,虞山镇与上海交通大学,董浜镇与南京农业大学,尚湖镇与扬州大学等都已开展合作,如今,乡镇的现代产业园区正在常熟各地遍地开花,也实现了科技就地转化以及与产业的无缝对接。

南京农业大学常熟新农村发展研究院副教授钱春桃正是带着自己的各项实用技术落户董浜镇,而这些技术也给农民带来了看得见的效益。仅一项丝瓜早熟技术,就让当地农民种植的丝瓜提早 10 天采摘上市,增效达到 20%。而近期推广的另一项蚕豆早熟栽培技术,将蚕豆上市期提前到春节前,更是让当地农民的蚕豆种植效益直接翻了一番。

从产业的角度来说,要实现水稻规模化、蔬菜设施化、水产标准化,都要依靠科技发挥作用。2014 年,常熟的农业科技进步贡献率已超过 70%,科技在常熟现代农业发展的过程中提供了强有力的支撑。

(二) 服务创新:农资零差价,农机全覆盖

张建龙是金唐市水产公司的总经理,也是当地有名的阳澄湖大闸蟹养殖专业合作社的理事长,他的合作社一共有 109 户农民,养殖的水塘面积达到了 5000 亩。之前,合作社的农资采购是一笔不小的开销,现在,这笔农资成本却减了不少。"我们现在农资投入都是由政府统一招标采购,零差价卖给我们,药品有保障,老百姓用着放心。"张建龙感慨道。

享受到农资零差价服务的可不单单是水产养殖户,常熟的水稻和果蔬种植户们,也都享受到了这种贴心的零差价服务。据了解,从 2012 年起,常熟市开始全面实施农药集中配送、政府补贴、企业零差价销售,为了保证农产品的质量,保持农业生态可持续发展,政府每年推荐各类高效低毒低残留

农药和生物农药。

以水稻种植加工为主的勤川合作农场,不仅有自己的农技队伍,更有自己的农机专业合作社。令人称奇的是,农场流转的8000亩地,只需要30多个经营主体,而这主要靠的就是大型农机装备。

除了勤川合作农场所在的勤丰村,各个产业带、产业村的周边也都布局了大型农机仓库,已实现各个乡镇的全覆盖。据统计,目前,全市有各类先进农机设备1.5万余台,这些大型机械根据产业需要随时服务农民。据介绍,常熟还要推行新一轮的农机三年行动计划,进一步提升农业机械的装备水平,添置、升级、换代符合现代农业需求的农机装备,构建社会化服务体系。

农资零差价,农机全覆盖,对于常熟的现代农业发展来说,这些创新远远不够。在位于董浜镇的常熟现代农业产业园区智慧农业服务中心,通过一台大型的电子设备,全镇各个点的设施蔬菜生产情况一目了然,只要通过按钮和指令,就可以轻松控制大棚温度,进行自动灌溉。常熟现代农业产业园区管委会副主任说:"我们是江苏省首个水灌溉全覆盖的县区。这里引进了以色列的智能温室控制系统、自动灌溉系统和蔬菜精量化播种机等先进设备,打造的是一个集育苗、灌溉、生产和销售于一体的全新农业物联网。"

物联网的建立,让"谢建青"们的蔬菜再也不愁卖了。老谢说,原来我们的蔬菜都要等着别人来收,现在,蔬菜还在地里,就已经提前卖给了常客隆超市,或者厨艺时代等农产品电子商务的生鲜直投,有的农民自己还开网店、做电商,种出的菜从没滞销过,甚至还供不应求。

(三)主体创新:全产业链经营提升农业价值

合作农场是常熟经营主体创新的表现之一。2013年成立的勤川合作农场,是苏州市首家村级合作农场。这家集水稻生产、指导、加工、销售于一体的农场,联结了周边8个村,流转土地近万亩,涉及农户8000多户,加工的水稻产品对接中粮,销往周边城市。

村级合作农场,是由村集体经济组织发起,农民自愿参股,联结农村经济合作组织或农业企业,共同开展农业生产经营活动的新型市场主体。这是为发展现代农业,创新探索的新的农业经营主体。合作农场不是简单将几个农场联合,而是主要采取"公司+专业合作社+家庭农场"的形式管理,拥有自己的管理团队和品牌,从而产生更大的品牌价值和经济效益。

农场究竟怎样让农民受益?农民可以从三个方面受惠:一是土地流转费,即农民将土地流转给村里,村里再将土地流转给合作农场,实现二次流转。在流转费用上,以粮食为基准,一般为每亩550斤稻谷;二是到合作农场打工收入;三是农场把土地转包给大户,大户种出的水稻以高于政府指导价0.2元/斤被农场收购。此外,一旦合作农场有所盈利,盈利部分将再与8个村子进行分红。

勤丰村农民吴建良原来自己种了200多亩地,从2014年开始,他在合作农场包了近600亩地种植水稻。他算了一笔账:"在农场包地,我的成本降低了。原来我需要自己买农资农药,现在不需要了,而且统一供种、施肥、用药、指导,我每年只需要交给农场1000斤稻谷作为流转费用,超过部分去掉成本则是自己的收益,现在平均每亩地净收益是400元。一年下来也有20多万元。"

目前,常熟试点的村级合作农场已经达到60个。在培育适合现代农业发展的新型经营主体的过程中,常熟市努力构建"1+N"的主体方向,除了村级合作农场,还大力培育农业龙头企业、家庭农场、合作联社等新的形式。

与勤川合作农场不同,古里镇坞丘村的田娘农场是家庭农场的升级版,采取"公司+家庭农场"的运作模式,主要盈利靠高品质的有机大米。农场负责人说,农场流转的6800亩地实施"六统一"管理,即统一种子、统一机械化育秧、统一病虫害防治、统一技术应用、统一标准化生产、统一品牌销售。大米生产出来之后,田娘农场有限公司统一收购,打上"田娘"商标销往市场。现在,"田娘"牌有机大米市场零售价最低每斤3.5元,最高每斤45元,一点都不愁卖。

常熟市正是通过发挥这些新型农业经营主体在资金、技术、市场等方面的优势,通过市场化、订单化、品牌化,建立稳定的农产品营销网络,强化与农民增收的利益联结,让种地的农民不断受益。

三、启示作用

近年来,常熟市按照"一中心、两园区、多基地"的转型发展思路,不断加大农业基础设施建设和物质装备投入,基本形成了以国家级农业科技园区为主轴,江苏省常熟现代农业产业园区、江苏省常熟现代渔业产业园区为重点,各镇(区)各具特色的产业基地为依托的创新发展模式。通过园区化建设、多元化投入、规模化经营、合作化联结,有效提高了全市农业现代化发展的水平。科技创新、服务创新、经营主体创新产生的累加效应,使常熟农业升级提效,农民增收富裕效果明显。据统计,2014年,全市农业生产总值达到了72亿元,232个行政村村均集体经济总收入达到871万元,农民人均可支配收入达到2.37万元。

(一)不断加强农业园区建设

目前,常熟市现代农业园区建设面积近27万亩,其中核心区面积6.5万亩。各园区特色鲜明,特别是沿锡太线高效水产示范带发展方向最为明确。

2014年,常熟市农业园区开工新(扩)建面积1.8万亩,其中国家农业科技园区启动了33000平方米的温室工程项目建设,总投资达3595万元,项目建设完成后弥补核心区以水稻为主功能配置单一的不足;江苏省常熟现代农业产业园区投资650万元,重点加强园区智慧农业管理系统及基础设施建设;江苏省常熟现代渔业产业园区投资303万元,建设18亩设施养殖场;虞山镇高效特色精品园2015年拓展二期建设项目,上半年开工新建连栋大棚75亩,全年投资达2068万元;海虞镇现代农业产业园区重点实施郑家桥、徐桥8000亩高标准农田扩建项目,总投资2100万元;尚湖镇现代农业产业园区投资255万元,重点加强园区道路、电力设施配套;古里镇现代水稻产业园投资1026万元,改造坞圩5000亩高标准农田;支塘镇高效设施科技园区在盛泾、任南村投资772万元,扩建2710亩高标准渔业养殖区;碧溪新区现代设施农业科技示范园区投资1560万元,新建园区管理中心、标准大棚55亩;梅李镇现代农业园区投资1560万元,在蔬菜区新建园区道路4000米、沟渠3000米、钢架大棚620套等,水稻区新建园区道路11300米、平整土地1000亩等;辛庄镇重点做好2013年荷花荡渔业项目和高档花卉产业基地扫尾工程。

(二)不断提升创新能力

近年来,常熟市农业园区与高校紧密合作,不断提升农业创新能力。江苏省常熟现代农业产业园区与南京农业大学联合组建了南京农业大学(常熟)新农村发展研究院；尚湖镇现代农业产业园区与扬州大学联合投建了扬大(常熟)新农村发展研究院；虞山镇高效特色精品园与上海交通大学投建了常熟新农村发展研究院。碧溪新区现代设施农业科技示范园区与省农科院蔬菜所签订了产学研战略合作协议。与高校的合作，进一步创新了农业园区发展理念，有效提升了园区在农业基础和应用基础研究以及高技术领域的原始创新能力、农业重大关键技术领域的集成创新能力、优势农产品及其产业发展领域的成果转化应用能力。

同时，对在建的农业园区，常熟市积极配套上级各类建设项目，侧重完善基础设施建设，在加快在建项目进度和实现项目早投产上下功夫，争取2~3年内做出成效。对基础设施配套功能完善、发展较为成熟的农业园区，侧重提档升级，扶持重点由基础设施建设转向园区信息化、生产加工配套、产销对接和园区平台建设。

（三）充分发挥龙头企业示范作用

常熟市充分发挥龙头企业示范作用，打造园区现代农业效益链。结合产业发展实际，常熟市积极支持和鼓励龙头企业通过股份制、股份合作制等形式与园区建立稳定的产销协作关系和多种形式的利益联结机制，逐步形成"风险共担、利益共享"的新机制；支持龙头企业实施技术改造，提高自主创新能力，切实改变传统企业农产品粗放、低附加值的现状，不断开发加工程度深、附加值高、特色明显的新产品，形成一批技术含量高的特色名牌产品，提高龙头企业的整体素质和市场竞争能力，辐射带动更多农户增效增收。

思考题

1. 常熟市农业转型升级实践的主要特点有哪些？
2. 你认为常熟市的农业转型升级实践的参考价值及重点与难点是什么？

案例二 相城区：发展现代农业，加快转型升级

一、基本情况

民以食为天，食以农为先。发展现代农业园区，已成为相城区加快农业转型升级、实现农业现代化的重要路径。近年来，相城区抓住城乡一体化改革发展的历史机遇，不断加大现代农业园区建设力度，初步形成了西部种植区、东部水产养殖区、中部生态休闲观光农业区的相城现代农业总格局。

全区先后建成了阳澄湖现代农业产业园、苏州御亭现代农业产业园、黄埭新巷特色林果基地、渭塘凤凰泾现代高效农业示范园、北桥漕湖现代农业产业园等一批规模大、机制新、有潜力的现代农业园区。2012年1月，相城区被农业部命名为国家级现代农业示范区。全区已拥有各类现代农业园区20多个，规模超过10万亩，拥有省级现代农业产业园1个，全区高效农业面积达11.2万亩，市级以上农业龙头企业17家，省、市名牌农产品21个。

二、主要做法

（一）科技兴农，集聚要素促升级

农业转型升级是一个大课题。区农业局进一步集聚优势资源，优化要素配置，拓展发展空间，推进科技创新，提升发展档次，促进一、二、三产业融合发展和农业的"接二连三"，并着重在农产品应急保供、科技兴农、现代农业园区建设、农产品质量安全、农业产业化提升、休闲农业优化、对外农业宣传等方面进一步提升。

具体做好以下工作：加强现代农业园区建设，推进农业向规模化发展；加强农产品质量建设，推进农业品牌化发展；加强龙头企业建设，推进农业产业化发展；加强技术指导，推进科技创新；加强项目管理，推进产业升级。

为此,区农业局重点加强阳澄湖、望亭、黄埭、北桥四大现代农业产业基地建设,加强渭塘凤凰泾和度假区农业产业基地的新、扩建工作。强化质量意识、品牌意识,建设品牌农业,走精致农业之路,加大"三品一标"工作力度,提升农产品质量安全。重点培育国家级农业产业化龙头企业,同时省、市级龙头企业的数量也逐年增加,用农业产业化推动农业品牌化。利用农技优势,开展符合实际需求的技术培训,加大新技术、新成果的推广运用,推进博士工作站、院士工作站等建设,加强与科研院校合作,推动农业产学研。积极向上争取农业项目,用项目的实施来推进农业的发展、推进产业的升级。

(二) 农业转型,水果显现高效益

走进黄埭镇新巷村,放眼望去,是猕猴桃、樱桃、葡萄、黄桃等一片片果园。全村 3037 亩土地,目前已有 1500 多亩种植了各类高附加值的水果,而在 2008 年之前,这里种植的仍是水稻、小麦、油菜等低效益传统农产品。

按照土地规划,新巷村禁止发展工业。2008 年起,新巷村与中科院武汉植物园签订了猕猴桃品种开发及培育技术转让的协议,引种了红阳、金霞两个品种。如今,新巷村猕猴桃种植面积已有 600 亩,填补了江苏省内规模生产猕猴桃的空白。

在挂满累累果实的猕猴桃园里,新巷村技术员介绍,当地气候适合种猕猴桃,土壤经过科学改良后解决了"水土不服"的问题。2011 年首次实现挂果,由于按科学要求疏果,所以产量仅有 8000 多斤,每只售价 5 元仍供不应求;2012 年有 100 多亩挂果,产量达 15 万斤,每只售价定在 6 元。无疑,这实现了效益的大幅增长。通过施用有机农家肥,该村种植的猕猴桃等水果均实现了高产量与高品质。其中,"红阳"猕猴桃的糖分含量高达 19% ~ 20%,特别甜,更适合江南人的口味。更神奇的是,猕猴桃的糖分很特殊,糖尿病人也能吃。

说起新巷村的"水果之路",新巷村工作人员表示,区农业局搭的技术平台起到了很大作用。另外,在区农业局的帮助下,省、市、区三级在基础设施等方面给予新巷村农业转型很多支持。该工作人员介绍,道路、沟渠、滴灌、大棚、围栏、杀虫灯等设施都曾得到扶持。

除了出售猕猴桃,新巷村还在江苏省范围内出售猕猴桃种苗,这不仅能扩大现代农业的种植规模,也能实现效益的进一步提升。

(三)保护环境,水稻种成"黄金谷"

工业化、城市化的大潮下,传统农业因效益低而颇显尴尬。但在一些环境特殊区域,传统稻作农业因具有良好的生态效益而不能放弃。地处太湖之滨的望亭镇,为此做出了很多探索。

望亭镇副镇长介绍,全镇共有七个村,六个村因位于太湖一级保护区而无法发展工业,为此,该镇推动因地制宜发展现代农业,同时也起到了保护太湖周边环境的作用。目前,望亭的水稻与蔬菜基地,都是苏州市级现代农业示范区。望亭把全镇农业资源整合后,成立了苏州御亭现代农业产业园,目标是把农业做得更大更强,提高产量和效益。副镇长表示,苏州实施生态农业补偿政策,每年对每亩水稻田补助200元,这对稳定农业生产也发挥了较好的作用。

属于沿太湖水稻有机生态圈的望亭镇迎湖村,沟渠里流淌着清清的太湖水,大片水稻即将成熟。站在"超级稻"E240品种试验田前,水稻茎秆竟然与成人差不多高。长期工作在农业一线的陆焕昌技术员手抚E240的稻穗说,自己从事农业30多年,从来没看到过这么好的稻子,今年目标产量可达每亩1800斤。他表示,这种水稻的种植要求比较高,从落水、施肥,都获得了农业局的支持、指导。

陆焕昌说,如今政府对农业的各项补贴很多,另外,为提高现代农业水平,区农业局、望亭镇政府经常帮助联系扬州大学、南京农业大学等院校的教授、专家前来培训、指导,提升了一线工作人员的水平。

前来进行科研的9个南京农业大学研究生、博士生,站在E240水稻田里,仅能露出一个头。一位研究生表示,从事农业是有些辛苦,但自己看好农业的发展前景。

由金香溢农机服务专业合作社出品的"金香溢"牌大米,绿色无公害食品标准的售价为每斤5元左右,有机食品标准的售价为每斤12元左右,均大大超过了普通稻米的价格。走进合作社,院内一台大型农用拖拉机,是2011年国务院奖给"全国种粮售粮大户"、合作社社长朱伟琪的。院子里的其他收割机、插秧机等农用机械,也都享受了较高的政策性农机补贴。

三、主要成效

相城区紧紧抓住城乡一体化改革发展的历史机遇,紧扣现代农业建设主题,围绕布局区域化、经营规模化、产业特色化,加快推进现代农业园区建设,形成了西部优质种植区、东部高效渔业区、中部生态休闲观光区的相城现代农业总格局。2012年1月,相城区被农业部认定为国家现代农业示范区。2013年,全区实现农林牧渔业总产值26.75亿元,农林牧渔业增加值13.95亿元。

(一)园区发展

重点打造"优质水稻、特种水产、蔬菜瓜果、休闲农业"四大优势产业集聚区,全面落实市"四个百万亩"面积22万亩,推进园区化、规模化、集群化发展,"5+3"现代农业园区建设初具规模。全区拥有省、市、区、镇四级现代农业园区(基地)23个,总规模超10万亩。拥有省级园区1个、市级园区3个、省级农业科技园1个、省级农业标准化示范区2个、农业部水产健康养殖示范场3个。阳澄湖和望亭御亭园区成为全国知名园区并入选"苏州市十大农业园区"。

(二)质量建设

建成区级农产品质量信息系统平台,与产地检测联网并实时监督。望亭御亭二维码蔬菜质量可追溯系统和阳澄湖"六位一体"智能渔业管理平台建成使用。全区拥有"三品"基地33个、"三品"总数116个。拥有"阳澄湖"大闸蟹、"虞河"蔬菜、"金香溢"大米等市级以上名牌产品27个。充分发挥科技引领作用:引进国家"千人计划"1名、省"双创人才计划"1名、姑苏领军人才2名。建有院士工作站3个、博士后创新实践基地3个。农业物联网等智慧农业技术在园区得到应用。全区高标准农田、高标准池塘、蔬果标准园分别达73%、70%和46%,农业综合机械化率达83%。

(三)农业产业化发展

拥有全国"一村一品"示范村2个、省"一村一品"示范镇1个,省级农业产业化龙头企业5家、市级农业产业化龙头企业14家,农产品批发交易市场 7 个。现代网络营销电子商务发展迅猛。

相城农业将以农业现代化和生态文明建设为目标,以园区为龙头、创新为驱动、品牌为抓手,坚决有力地推进"四个百万亩"落地,深入推进国家现代农业示范区建设,全面提升农业发展新水平,把相城农业打造成为相城产业的一朵美丽奇葩和相城对外的一张靓丽名片。

四、启示作用

(一)抓园区建设,提升农业产业发展新水平

以国家现代农业示范区建设为龙头,全面提升现代农业园区建设发展水平,积极打造"一区多园"。用开发区的理念和搞工业的方法强有力地推进现代农业园区建设,把现代农业园区打造成相城农业乃至相城产业对外的靓丽名片。扶优扶强阳澄湖现代农业产业园等一批园区化、合作化、农场化规模农业基地和现代农业特色产业基地,建成全省乃至全国有知名度的品牌园区。

(二)抓产业落地,提升生态文明建设新水平

把保护和发展市农业"四个百万亩"作为农业工作的重中之重。目前,"四个百万亩"的上图工作已基本完成,接下来要结合农村规划、农业规划及土地利用总体规划,深挖产业发展潜力,加快产业落地工作,把任务全部落实到村,落实到田头地块,圆满完成优质水稻 3 万亩、特色水产 8.3 万亩、高效园艺 2.7 万亩、生态林地 8 万亩的落地任务。在目前全面完成上图描绘、数据入库的基础上,以村为单位开展地块核查工作,按照"早落实、早安排、促发展"的工作部署,排出产业落地时间表,重点在落实到位上下功夫。按照"四个百万亩"产业布局,大力推进复耕复种工作,实施新一轮产业结构调整,用 2 到 3 年时间通过政策、项目、资金等方面的重点倾斜、重点扶持、重点支持,确保落地到位,使结构更合理,产业更优化。

(三)抓科技创新,提升农业持续发展新水平

牢固树立"科技是农业发展最重要的支撑、人才是农业发展最重要的因素"的理念。加强科技人才队伍建设,重点解决人才的增量问题。积极制定鼓励园区引智扶持政策,尝试从区现代农业专项资金中拿出一部分来补贴

园区引进人才的费用,提升园区人才队伍建设新水平。牢固树立科技兴农、创新驱动的发展思路,深化与高等院校、科研单位的合作,推进产学研。依托院士工作站以及博士后工作站,在新品引种、示范推广、成果转化等方面加大力度,助推相城农业创新发展。深入推进农业科技入户、渔业科技入户工程,加快创新技术及成果应用。加快农业物联网等智慧农业建设,打造望亭御亭智慧农业示范区。

(四)抓品牌建设,提升品牌农业发展新水平

加快发展品牌园区、品牌企业和品牌农产品,进一步放大国家现代农业示范区效应,扩大这一全区最大的农业品牌影响力。加快出台国家现代农业示范区品牌规范使用实施办法。阳澄湖现代农业产业园要以物流配送中心建成为契机,销售产量和质量并举,积极争创中国最大的阳澄湖大闸蟹品牌。望亭御亭现代农业产业园要着力争创省级现代农业产业园区,争创智慧农业示范区,做大做强"金香溢"大米、"虞河"蔬菜品牌。黄埭新巷特色林果基地要进一步丰富内涵,完善功能,发展休闲观光旅游和产品深加工,打响"新巷"牌特色林果品牌,积极争创苏州市名牌农产品和知名商标。北桥漕湖生物农业示范园要着力打响"漕湖滩"品牌。渭塘凤凰泾高效农业示范园要借规划提升,重组优势,扩大影响。度假区等要重点做好农家乐这篇促进农民增收的大文章。

(五)抓质量监管,提升质量安全建设新水平

牢固树立"质量安全是农业发展的关键,是建设品牌农业的重要内涵"的意识,不断加强农产品质量安全监督管理工作。充分发挥好全区农产品质量安全监管队伍和检测室的作用。建设并投用农产品(蔬菜)质量可追溯体系,完成省级水产品可追溯体系项目建设,把质量可追溯体系作为提升农产品质量的重要科技抓手,抓出成效。深入推进"天安行动",开展农产品质量安全专项检查与整治行动,使农产品质量安全监管工作经常化、常态化、制度化,确保全区不发生重大农产品质量安全事故。推进"三品"基地建设,加快"三品"认证工作。

(六)抓龙头企业,提升农业产业化经营新水平

龙头企业代表一个地方农业发展的实力,是建设品牌农业的必需。区、

镇、村要高度关注、关心龙头企业的成长与发展,机关主管部门要把申报晋级和向上争取作为扶持帮助龙头企业成长发展的两大重要手段。积极扶持阳澄湖现代农业产业园申报国家级龙头企业,扶持望亭御亭现代农业产业园、潜湖生物农业示范园等申报市级以上龙头企业,促进企业做大做强,发挥好龙头企业的示范带动、科技引领、产销链接、增产增效作用,为企业发展提供更好更高更广的平台和舞台,全力提升全区农业产业化经营水平。

思考题

1. 相城区农业转型升级实践的主要特点有哪些?
2. 相城区作为一个建成区,你认为其农业转型升级实践的可复制性如何?

案例三 吴江区：农业产业化发展经验及启示

一、基本情况

吴江区地处苏州市南部、苏州市区最南端，地处苏、浙、沪三省市交界处，全区总面积为1192平方千米，下辖吴江经济技术开发区、江苏省汾湖高新技术产业开发区，本地常住人口约80万人，外来人口约65万人。当前，转型升级是全国上下共同关注的热点和焦点，吴江区在力促第二、三产业加速转型的同时，也致力于加快现代农业建设，以被列入苏州市城乡一体化配套改革先导区和省级"万顷良田"试点工程建设为契机，紧紧围绕率先实现农业现代化的目标，积极推进农业产业转型升级，通过各种渠道加快农业产业化发展，产业结构不断优化，农业产业化经营取得明显成效，全区产业化经营规模不断扩大。2014年全区实现农林牧渔业总产值69.03亿元，比上年增长7.6%。产业化经营发展，极大地促进了吴江区农业产业结构的战略性调整，为农业增效、农民增收发挥了应有的作用。

二、主要做法

（一）继续提升园区基础设施建设

2013年，吴江区四大园区以进一步发展现代精品农业为目标，以创建国家级示范基地为抓手，结合实际完善园区建设和创建的详细规划，加快园区基础设施建设，重点突出如下工程建设：一是继续开展土地平整工作，对园区内其他地块进行土地平整；二是完善园区路网系统，同时加快对老路网的改造；三是实施园区美化亮化工程，营造优美的园区生态环境；四是完善园区配套设施，加快建成区内的渠道、护坡、泵站建设。

（二）加强园区农业服务体系建设

吴江区进一步健全科技服务功能，打造集园区办公、科普培训、示范推广、质量检测、信息提供、智能控制于一体的科技服务和生产指挥平台。一是建设好比较先进的物联网信息系统。二是建设体系规范、品类齐全的农产品检测中心,加大对园区内农业生产资料投入品、本地区主要农产品的监督检查力度。三是建设农业技术培训中心,加强对园区农业科技人员、管理人员和农民的技术培训和服务。农机化服务中心形成集种子加工、大米加工、产前产中产后服务为一体的综合性农机服务体系。加快建设工厂化育秧中心,为周边农户提供优质秧苗,促进平衡生产与丰产丰收。建设农资配送中心,实现园区农资投入品的集中采购、统一管理和统一配送。

(三)提升农业科技水平

坚持以农业为基础,发展精致农业、精确农业和高效农业。加大与大专院校尤其是国内几所顶尖农业院校的科技合作,建设各类院士、专家和博士工作站,密切与科研院所的产学研联合。目前,吴江区加大农业新品种、新技术、新模式的研究示范推广力度,深入实施科技入户工程和农民培训工程。实行科技补贴政策,鼓励企业引进先进的生产设备和技术,提升入园企业的科技含量,使农业园区成为农业科技成果引进、转化和组装集成的平台。

(四)以培育龙头企业为重点,加快农业加工贸易一体化

大力创新现代农业产业化生产经营发展机制,通过组建各类农业生产合作社和家庭农场,提高农业规模化经营和组织化水平。进一步加快农业招商引资及项目推进工作。按照建设现代、生态、高效农业园区的目标,积极利用吴江的区位优势,进一步引导各类工商资本、民间资本和境外资本参与现代农业建设,督促加快海峡两岸农业科技园、铁皮石斛文化产业园特色农业园区的建设速度,做大、做强主导产业。深化农村"三大合作"改革,积极促使农业向上游及下游延伸,从传统种植向食品深加工、仓储物流、农业总部经济迈进,培育国家级龙头企业,形成"接一带二连三"格局。

三、主要成效

(一)农业产业园区建设日臻完善

1. 农业产业园区规模不断扩大

吴江区目前已初步建成北部的同里科技农业示范园,东部的汾湖农业

科创园,南部的盛泽休闲农业示范园和桃源特色苗木产业园,西部的震泽现代农业产业园和七都浦江源太湖蟹生态养殖示范园,西北部的横扇太湖绿洲农业科技园,中部的平望高效农业示范园,形成了东南西北中"一核七片"八大现代农业园区,其中省级现代农业园区3个、苏州市级5个,总面积达14.3万亩。吴江现代农业园区位于同里镇东北部,规划占地面积2146.67公顷,其中核心示范区933.33公顷,预计投入建设资金11.78亿元。基础设施建设以来,已投入资金超过1.8亿元,其中核心区投入1.1亿元,通过对田、水、路、林、沟、渠、闸进行综合整理,农田基础设施得到明显改善。优质粮油区新平整土地80公顷,设施农业区新增46.67公顷,特种水产增加93.33公顷,不仅扩大园区规模,还通过开河修路,将园区的水田全部贯通。园内集农机服务、农产品检验检测、农机培训、成果展示等为一体的科技服务中心大楼已经结顶,正在进行装修和相关设备入户。

2. 多元化投入机制基本形成

政府财政充分发挥了示范引领作用,通过积极向上争取以及想方设法自筹,重点用于各园区的各项基础设施建设。与此同时,大力开展农业招商引资工作,吸引工商资本、民间资本来园区投资开发农业项目。苏州市五月田有机农业科技有限公司、苏州市尚品园艺有限公司、海峡两岸(苏州)农业科技园、苏州神园科技股份有限公司等20家现代农业企业成功入驻吴江现代农业园区,注册资本超过1亿元,总投资超过4亿元。其中2012年完成签约工作,总投资金额达2亿元的苏州市铁皮石斛科技文化产业园工程进展迅速。目前已建成连栋大棚9000平方米,建成单体大棚3.6万平方米,其中8000平方米的单体大棚已种植铁皮石斛苗,3000平方米的基质车间钢结构框架已搭建完成,仅4个月投资额已超过7000万元。

3. 科技创新能力不断增强

坚持以推动农业科技进步为重点,探索校企合作性模式,通过校地、校企间的良性互动,促进科技成果转化,推动园区的发展。在园区内组建了农业机械与装备院士工作站,以上海交通大学农学院为科技联系点,以浙江大学为科技咨询单位,为园区的农业产业化经营建设提供强大的技术支撑,推广应用了组培技术、机械播种、基质栽培、定量灌溉等10余项新技术。

（二）"三大合作"改革不断深入

吴江区"三大合作"改革成效显著。一是土地股份合作社组建有了新进展，土地股份合作制引向纵深发展，全区耕地总面积12644.10公顷，其中土地流转面积大于10115.28公顷，占耕地面积的80%以上。全区共组建土地股份合作社162家，入股面积1.97万公顷，其中整村土地股份合作社60家，入股面积1.18万公顷。土地股份合作制的发展给入股农户带来了较多的经济效益，全区全年入股受益达2亿元以上，农户来自入股土地的平均受益超过9000元/公顷。二是社区股份合作社运作有了新突破，村建立社区股份合作制，是苏州地区率先实行的创新之举。早在2007年，吴江区就开始大力度、广覆盖地推行村社区股份合作制。全区250个行政村中有237个村建立了社区股份合作社，当时共量化村级经营性净资产5.6亿元，持股农户达16万户以上。2012年，七都镇组织全镇22个村社区股份合作社，通过工商登记，筹措注册资金8562万元，组建了全区首个股份合作联社——七都农村物业股份合作联社。社区股份的发展同样给农户带来了较多的经济效益，如同里镇新增屯南村社区股份合作社分红，全年全镇2个社区股份合作社分红总额达到53万元。三是农民专业合作社数量继续增长，入社农户不断增加。前几年，吴江区村级集体经济发展相对滞后，农民专业合作社没有得到很好的发育和成长，相对周边兄弟市区，吴江区显得数量少、规模小。农民专业合作社中，吴江区比较典型的是汾湖经济开发区元荡村组建的全区首家农民专业合作社——益民经济合作社。同里镇农民专业合作社总数达23家，合作股本金达到2128.5万元，入股受益带动农户484户。

（三）农业产业化龙头企业带动效应日趋显著

目前，吴江区共有国家级龙头企业2家、省级龙头企业9家、苏州市级龙头企业10家，这些企业利用当地资源，积极发展符合现代农业发展需要的农产品，以满足市场需求，有效带动了周边农户致富，解决了当地居民的就业问题，对当地经济的发展起到了积极的作用，并且在已有的旧经营模式上不断创新，不断开发新的农产品和采用新的管理经营模式，走出一条符合现代农业发展道路的农业企业的道路。

（四）新型农业生产经营方式悄然而现

家庭农场作为一种新型的农业生产经营方式已被越来越多的农户采用。家庭农场是指以家庭成员为主要劳动力,从事农业规模化、集约化、商品化生产经营,并以农业收入为家庭主要收入来源的新型农业经营主体。发展家庭农场是提高农业集约化经营水平的重要途径。2013年中央一号文件提出,鼓励和支持承包土地向专业大户、家庭农场、农民合作社流转。其中,"家庭农场"的概念首次在中央一号文件中出现。由于刚刚起步,家庭农场的培育发展还有一个循序渐进的过程。2013年7月,吴江区首个家庭农场在汾湖诞生。该农场位于黎里镇金家坝社区大潮村,经营面积4公顷,名称为"吴江区汾湖镇恒生家庭农场",主要从事水产养殖和垂钓服务。今后,吴江区还将探索"家庭农场+龙头企业""家庭农场+社会化服务""家庭农场+现代农业产业园区""家庭农场+社区支持农业"等组织形态,发展与城市社区、集团消费单位的订单生产、直供式销售,通过建立产业化联盟,将家庭农场与龙头企业、终端市场等有机联结起来,促进多赢发展。

思考题

1. 吴江区的农业转型升级实践与同属建成区的相城区有什么区别?
2. 你认为在农业产业转型升级过程中,应该如何建立一个更为完善的现代农业保障体系?

第四章　苏州工业制造业的转型升级

概　述

工业强则苏州强。经济发展要迈上新台阶,关键要看工业经济,只有工业实现转型升级,苏州经济发展的质量效益才会更高。改革开放以来,工业一直是推动苏州经济平稳健康发展的主要力量,全市一半以上的地区生产总值由工业贡献,工业经济发展水平一直走在全省甚至全国的前列。当前,苏州市工业经济发展和转型都面临不少新的压力,要从根本上化解经济发展不平衡、不协调、不可持续等矛盾和问题,重点在工业,难点在工业,突破点也在工业。要把苏州工业经济发展置于经济发展新常态的大背景、大环境、大逻辑中思考,既要以开放的心态大力培育壮大新兴产业,同时也要有壮士断腕的决心和魄力,盘活存量,就地转型,在保持经济稳定增长并处于合理区间的同时,抢抓两化融合机遇实现新跨越,加快提升经济发展的质量和效益,努力走出具有苏州特色的新型工业化发展之路。

一、苏州工业的发展状况

2014年,苏州市工业生产主动对接新形势、适应新常态,在转型升级中保持了平稳发展,工业结构持续优化,运行质量显著提升。但工业经济面临的需求乏力、上行动力不足等矛盾仍然比较突出,新常态下需以新理念、新举措谋划工业经济的长期可持续发展。

（一）工业生产稳中趋优

1. 工业生产保持平稳，增速换挡由高转低

2014年，苏州全市实现工业总产值35773亿元，同比增长0.2%，其中规模以上工业实现产值30586亿元，同比增长0.3%，增速分别低于2013年3.2、3.8个百分点。在经济运行新常态特征下，近年来苏州市工业产值增速正面临由高转低的换挡新阶段，2010~2014年，苏州市规模以上工业产值增速分别为22.3%、17.7%、5.2%、4.1%、0.3%，下行趋势明显。

分月度来看，12月规模以上工业实现产值2717亿元，为年内单月第二高位。2014年下半年尤其是进入四季度以来，月度工业产值同比呈现负增长，其中，10月、11月、12月产值增速分别同比下降2.3%、2.6%、0.4%，工业生产下行压力加大。

2. 外资工业比重下降，民营企业支撑稳健

2014年，苏州市规模以上外资工业实现产值19584亿元，同比下降0.4%，11月、12月连续两月呈现负增长，外资工业生产下行有所加剧。外资工业产值占规模以上工业比重为64.0%，比2013年下降0.8个百分点。2011年~2014年，苏州市外资工业产值占规模以上工业的比重分别为67.8%、66.4%、64.8%、64.0%，呈持续下降态势。

在外资持续疲软的背景下，苏州市民营工业稳健发展，成为工业经济稳增长的重要支撑。2014年苏州市民营工业实现产值10323亿元，同比增长2.1%，增速高于外资工业2.5个百分点，高于全市规模以上工业1.8个百分点。民营工业实现产值占规模以上工业的33.8%，比2013年提升0.9个百分点。

3. 规模企业增长乏力，中小企业贡献加大

2014年，全市大型工业企业实现产值16392亿元，占全市规模以上工业比重为53.6%，比2013年下降1.8个百分点。大型企业完成产值自2014年以来持续负增长，全年同比下降3.0%，增速低于全市平均3.3个百分点。全市按产值排序的百强企业全年完成产值12335亿元，同比下降1.3%，增速低于规模以上工业1.6个百分点，占规模以上工业产值比重为40.3%，比2013年下降2个百分点，其中有42户企业产值同比下降。产值前十强企业完成产值占规模以上工业的17.3%,产值同比下降8.5%,其中仁宝信息技术、仁宝电子科技、名硕电脑等8户企业均为负增长。

中小型工业企业完成产值13996亿元,同比增长4.8%,增速高于规模以上工业4.5个百分点,高于大型企业7.8个百分点,占规模以上工业比重达45.8%,比2013年提升2.1个百分点,拉动规模以上工业产值增长2.1个百分点。

4. 支柱产业"三升三降",装备制造增势明显

全市规模以上工业涉及的35个行业大类中,有20个行业产值同比增长,其中8个行业增速超10%。全市以电子、装备制造、冶金、纺织、轻工、化工为主的六大支柱产业全年产值增速"三升三降":电子信息、冶金、纺织三大产业2014年以来产值持续下降,分别同比下降4.4%、1.9%和4.3%,轻工、化工及石油产业分别同比增长5.3%、7.0%,装备制造业近年来发展良好,全年产值增速7.0%,高于规模以上工业6.7个百分点,占规模以上工业比重达23.9%,对工业生产"稳增长"的支撑作用显著。

5. 区域发展存在差异,市区增速快于县市

2014年苏州市所辖十市(区)产值增速"六升三降一平",板块之间增速落差比较明显。市区全年完成产值11871亿元,同比增长1.1%,高于全市平均0.8个百分点,占全市比重为38.8%,比2014年提高0.2个百分点,其中相城区产值增速最快达8.6%,吴江区、姑苏区产值负增长;四个县级市完成产值18715亿元,同比下降0.1%,其中太仓市增速较快为4.8%,张家港市增速持平,昆山市产值负增长。

6. 转型升级持续推进,新兴占比逐年提升

近年来,苏州市全力推进产业转型升级,不断加大战略性新兴产业的投入力度,新兴产业发展提速。2014年,全市工业新兴产业投资增长5%,增速高于工业投资9.9个百分点,占工业投资的比重达56.8%,比2013年提高5.4个百分点。全市八大新兴产业共计完成产值14543亿元,同比增长6.4%,增速高于规模以上工业6.1个百分点,占规模以上工业的比重达47.5%,比2013年提高2.1个百分点。其中生物技术和新医药、新能源、集成电路产业增长较快,分别同比增长16.7%、12.8%、10.1%;高端装备制造总量提升较快,占比比2013年提高0.9个百分点。

(二) 工业转型任重道远

从宏观环境看,工业经济转型过渡压力显现。近年来,全球经济仍面临诸多不确定、不稳定性因素,新兴经济体增长的疲弱、资本市场的波动、外资对部分行业产能投入的放缓和转移,都给工业经济增长带来了负面影响。加上在促改革、调结构的国内经济大背景下,经济的转型升级仍然处于阵痛期,工业运行仍将面临诸多不利因素。苏州工业产值总量已突破3万亿,近年来换挡减速的新常态特征显著,工业经济仍处于规模速度型向质量效益型发展的过渡阶段,在结构优化的同时面临的下行压力不断加剧。

从产业结构看,龙头行业的依赖局限开始凸显。苏州市工业产业集聚度高,对主导行业的依赖性强,其中前两大龙头行业电子信息、黑色金属冶炼和压延加工产值占规模以上工业比重超四成,处于绝对主导地位。但受产品更新、产能过剩、价格下跌等因素的影响,近年来两大行业生产持续下行,其中2014年产值分别同比下降4.4%、2.1%,拉低规模以上工业产值增速1.6个百分点。全市产值前百强企业中,有49户企业属于该两大行业,其中有23户企业全年产值负增长。由于两大行业规模大,集约生产程度高,在新形势下的转型慢,在工业经济积聚新动能的过程中,两大行业低位运行对工业经济的影响将持续显现。

从上行动力看,外部需求及内生动力"双不足"因素叠加。首先是产能过剩、需求不足的市场供求关系仍未得到明显改善。2014年,反映工业品市场供求关系的工业品出厂价格指数(PPI)持续处于下降通道,全年同比下降1.7%,已连续三年处于下降区间。其次是投资进入深度调整,工业内生动力后继乏力。2014年苏州市全社会固定资产投资增长3.8%,为2000年以来最低增速,首现5%以下的增幅,其中工业投资下降4.9%,为2000年以来首次出现负增长,低于2009年增长2%的最低增速,其中工业新建项目投资比2013年下降12.9%。

二、苏州工业经济转型的目标及任务

为加快推动苏州市工业经济"低转高""量转质""大转强",加快构建具有苏州特色的新型工业化体系,把苏州建设成为全国重要的战略性新兴产业、高新技术产业和先进制造业基地,必须遵循市场经济规律,有效运用规划导向、政策推动、法律规范、行政服务等手段,努力增强苏州工业经济的总体实力和区域核心竞争力,优化提升产业结构和发展水平。

(一)工业经济转型目标

到2020年,实现以下核心指标:

1. 自主品牌指标

全市培育拥有50家具有自主品牌的地标型企业(集团),其中2~3家企业进入世界500强,15~20家企业进入中国制造业500强;培育100条年销售收入达到100亿元、技术标准高、品牌质量达到国际先进水平的优势产业(产品)链;培育1000件年销售收入超过1亿元的市级以上自主品牌产品;全市具有省级以上品牌的企业年销售收入超过1万亿元。

2. 质量效益指标

全市规模以上工业增加值率达到25%,规模以上工业销售利税率达到9%,利税总额突破4000亿元;一般贸易出口占比超过35%;技术改造投入年均增长不低于5%,占工业投资的比重达到70%,符合国家产业政策鼓励类的技术改造项目占比每年提高1%;工业企业全员劳动生产率力争达到50万元/人,每单位工业用地产出工业增加值达到85万元/亩以上。

3. 科技创新指标

全市大中型企业科技活动经费支出占销售收入的比重达到2.8%,科技进步贡献率达到65%;省级以上企业研发机构超过2000家;企业科技活动人员占职工人数的比重超过10%;企业信息化发展水平指数力争达到90。

4. 绿色低碳指标

全市单位GDP能耗减少到0.45吨标煤/万元,单位工业增加值能耗减少到0.65吨标煤/万元;累计创建600家三星级以上"能效之星"企业;通过清洁生产审核验收的企业达到3500家;全市工业企业进区集聚度超过95%。

5. 产业结构指标

全市战略性新兴产业产值占规模以上工业产值的比重超过55%;高新技术产业(产品)产值占规模以上工业产值的比重超过50%;软件产业年销

售收入达到 4500 亿元;智能制造装备产业年销售收入超过 1 万亿元。

(二) 工业转型重点任务

1. 深化质量强市,打造品牌之都

(1) 实施质量强市战略。以提高产品和服务质量为核心,完善大质量工作机制,建立质量公共服务体系和质量监管体系,强化企业质量主体责任,实行质量安全一票否决制。提高技术标准水平,鼓励企业制定优于国家标准的企业产品技术质量标准,引导企业积极采用国际先进标准,大力实施产品技术质量攻关,提升主导产品达到国际先进水平。推行先进质量管理方法,深入开展质量强企、质量强业活动,打造一批质量管理优秀、质量水平高、品牌影响力大的优势企业。构建以龙头企业、配套企业、高校和科研机构为核心的产业技术协同创新联合体,攻克制约产业链发展、完善的核心难题,整体提升优势产业链质量技术水平。

(2) 强化自主品牌培育。以自主品牌培育和带动为核心,实施品牌经济发展战略。加大区域品牌、产业品牌、服务品牌建设,提升区域和产业集群的知名度,增强品牌竞争能力。以苏州原创技术、原创产品、原创文化为基础,加大苏州市自主品牌企业的培育,力争拥有一批国家级质量标杆和品牌培育试点、示范企业。鼓励企业构建自主品牌培育体系,整合资源要素,完善品牌塑造,促进品牌延伸。鼓励龙头企业以品牌资源优势开展产业链垂直整合和兼并重组,以技术专有、标准领先、质量优秀为支撑,推进研发设计和品牌经营,提升产出规模和市场份额,培育一批国际品牌和"百年老店"。推进品牌制造服务化,提升用户满意度,建立和完善品牌营销服务体系,鼓励中介机构和社会组织积极开展品牌服务,指导帮助企业实现品牌培育和品牌营销,借助知名网络平台,加快开拓国内外市场。发挥全国首批商标战略实施示范城市优势,深化开展商标战略示范活动,把苏州建设成为品牌底蕴深厚、自主品牌影响大、国际竞争能力强、产业品牌覆盖面广、经济效益明显的品牌之都。

(3) 推进企业诚信建设。以企业信用建设为主体,实施企业信用管理"万企贯标、百企示范"工程,充分利用诚信苏州网和政府信用基础数据库、企业信用基础数据库、个人信用基础数据库等平台资源,重点建设面向企业的融资信用等服务平台,推进信用产品广泛应用,引导并推动企业始终把诚信作为企业文化之魂、立身之本,以诚信铸造品牌、成就品牌,不断提升企业信用度和品牌美誉度。到2020年,培育省级信用管理示范企业40家、市级信用管理示范企业400家、信用管理贯标企业4000家,诚信苏州建设基本构建完成,实现信用信息互联共享,走在全省乃至全国前列,初步建成信用建设示范城市。

2. 坚持内外并举,提高发展质效

(1) 推动开放型经济转型升级。充分发挥苏州工业基础雄厚和区位独特的优势,实施更加积极主动的开放战略。坚持对内开放与对外开放相结合,发展对外贸易与培育品牌优势相结合,有效利用外资与促进产业升级相结合,不断拓展新的开放领域和空间。积极对接上海自贸区建设,充分利用国际国内两个市场、两种资源,大力发展一般贸易,扩大拥有自主知识产权、自主品牌和自主营销网络的产品出口,大力引进跨国公司地区总部和研发中心、营销中心,探索对外商投资实行准入前国民待遇加负面清单的管理模式,不断提升开放型经济水平,力争成为国家自由贸易园(港)区试点地区。

(2) 促进中小企业健康成长。进一步完善中小企业服务体系,加快建设公共服务平台和创业基地,在创业辅导、咨询培训、融资担保、市场开拓等领域为中小微企业提供优质服务,促进小微企业进规模。实施中小企业管理素质提升工程,着力推动中小企业走"专精特新"之路,实施中小企业"专精特新产品"和"科技小巨人企业"培育计划,全面增强企业核心竞争能力,到2020年,培育拥有200个市级以上认定的"专精特新产品"和200家"科技小巨人企业"。

(3) 提高工业经济发展质效。坚持"转型升级项目化",优化要素资源有效投入,突出优质重大项目引领。正确利用资源、能源、环境、用工、安全等倒逼机制,积极构建以研发设计、现代制造和品牌营销为核心的新型工业化体系,不断提升在全国乃至全球产业链和价值链中的地位,不断提升全市工业的产出强度和产品附加值,不断提升全市企业的"工效""地效""能效"和对地方经济的贡献度。到2020年,全市工业总产值达到5.1万亿元,年均增长5%;规模以上工业增加值力争达到9700亿元,年均增长6.5%;工业投入七年累计力争超过1.5万亿元;民营工业产出占规模以上工业的比重达到40%,全市单位工业用地入库税收年均提高2%,牢固确立国内产出规模领先、最具国际竞争力的先进制造业基地地位。

3. 实施创新驱动,增强核心竞争力

(1)增强企业创新能力。以提升企业核心竞争力为目标,培养一支熟练掌握市场规则、具备国际视野和战略思维的企业家队伍,大力培育和引进一大批高层次科技和现代服务业人才、高水平创新创业团队、高素质管理人才、高技能实用人才。鼓励引导企业完善自主创新机制,加大研发投入,建设高水平研发机构,重点鼓励企业争创国家和省、市认定企业技术中心、工程(技术研究)中心和博士后工作站等。鼓励企业整合、利用国内外各种创新资源,积极有效地开展管理创新、技术创新和商业模式创新等活动。强化技术创新服务平台建设,鼓励龙头企业联合高校、科研院所和上下游配套企业建设产业技术研究院所,开展产业前沿、关键技术与材料的研究和工程化开发。实施国内首创高新技术产业化工程,加快高端核心技术的产品化、产业化。到2020年,全市规模以上企业基本建有研发机构,拥有国家级企业技术中心30家、省级350家,累计培育1000件产品年销售额达到2000万元的高新技术产业新增长点,实施5000项投入超过千万元级的"新设备、新技术、新工艺、新材料"技术创新和技术改造项目,建成国家创新型城市。

(2)推动工业化与信息化深度融合。抢抓机遇,加快发展以人机智能交互、柔性敏捷生产等为特征的智能制造方式,鼓励企业推广应用工业机器人、增材制造(3D打印)和信息控制等装备与技术,培育一批涉及宽带网络、多网融合、下一代互联网、信息消费、智能终端等领域的重点配套生产企业,全市中小企业应用电子商务开展采购、销售业务比例超过80%。全面增强信息化条件下苏州工业企业的竞争力,到2020年,全市智能工业发展达到国内领先水平,全市工业企业中智能设计覆盖面超过50%,智能制造超过75%,智能装备超过50%,智能管理超过95%。数字化控制技术全面推广应用,实现装备性能、功能升级换代,全市重点行业装备数控化率超过85%,重点工业用能企业95%以上实现数字能源管控。

(3)激发科技创新活力。进一步完善科技金融平台,以知识产权保护和投融资为核心,培育以市场为导向、财政投入为引导、社会化创新投入为活力、科技金融投入为支撑的创新发展体系,增强高校、科研院所以及行业协会等社会组织的科技服务力量。鼓励引导企业提高自主知识产权运用能力，加大知识产权保护力度，完善知识产权保护机制，打击侵害、假冒知识产权行为。加快国家知识产权示范城市建设，到2020年，全市企业专利授权量以及发明专利授权量继续保持全国大中城市领先水平。

4. 坚持绿色低碳，推进集聚集约

（1）全面推进节能减排。实施重点用能企业能效提升工程，全市年耗标准煤1万吨以上的企业全面建立能源管理体系，并通过体系认证或评价；全市年耗电1000万千瓦时以上的企业全面实施电机能效提升计划，推进高效电机的广泛应用；实施燃煤锅炉淘汰计划，提升工业锅炉系统能效水平，减少污染物排放；开展能效对标和环保达标行动，主要能耗行业完成能效对标编制工作；推进先进节能减排技术的广泛应用，每年实施百项节能技改项目，实现节能50万吨标准煤。强化节能市场化机制，完善合同能源管理推进机制，培育一批节能服务龙头企业。推进"能效之星"创建和清洁生产实施，培育能效标杆企业和产品，全面提升能源资源利用效率。以苏州被列入全国首批电力需求侧管理综合试点城市为重大契机，加快培育现代电能服务产业，有效降低电力负荷、用电成本，提高区域电能管理水平，到2020年，全市开展电力需求侧管理企业超过5000家。严格源头管控和末端治理，控制能源消费总量，优化能源消费结构，控制高耗能、高排放行业新增产能，提高产业准入门槛，建立统一的固定资产节能评估审查制度。严格执行《江苏省太湖水污染防治条例》和《苏州市阳澄湖水源水质保护条例》，严格实行煤炭消费和重点行业污染物排放总量控制，全面实施燃煤企业脱硫脱硝工程，大力发展热电联产、分布式电站和能源中心，加大对化工、印染、电镀、造纸、酿造等重点行业的规范整治和相关企业的关停并转，大力提标淘汰相对落后的产能和落后装备，加快产业中低端业态淘汰步伐。

（2）全速推进低碳循环发展。加快发展节能环保产业，着力推动低碳技术研发应用，全面提升循环经济技术支撑能力，围绕清洁能源应用、节能降耗、节水节材、资源再利用再制造、废弃物资源化等重点领域推进关键技术攻关，编制低碳技术推广目录，实施低碳技术产业化示范项目，到2020年，全市单位工业增加值用水量减少到13立方米/万元，全市万元地区生产总值二氧化硫排放量小于1.2千克/万元。建立绿色低碳产品认证制度，建设绿色建筑及材料生产应用示范基地,全面推进国家低碳示范城市建设。按照减量化、再利用、资源化的原则加快推进资源节约集约利用,大力发展资源再生利用产业,实现再生资源规模利用和循环利用,鼓励引导企业开展循环经济技术改造,大力实施园区循环化改造工程,到2020年,培育拥有200家工业循环经济示范企业,创建成为国家"城市矿产"示范基地。

(3)全力推进产业集聚集约发展。按照苏州"东融上海、西育太湖、优化沿江、提升两轴"的总体目标,科学规划各地产业的重点发展领域,优化产业布局和生产要素的合理配置,推动产业和项目向产业基础强、生产要素和产业链配套条件优、资源环境和区位比较优势明显的地区及各级各类开发区集聚,到2020年,培育和壮大一批国家、省新型工业化示范基地,做优做强一批苏州市战略性新兴产业基地和特色产业基地。结合创建国家城乡发展一体化示范区工作,积极探索用地机制创新和土地集约利用新方式,加快推进建设用地二次提高性开发,盘活存量土地,稳妥推进产业转移和淘汰落后,实施"腾笼换凤",突出发展总部经济和引进对苏州工业发展具有震撼力、辐射力和带动力的旗舰型高端制造业项目,不断优化产业资源利用和产出方式。制定推进企业兼并重组的政策措施,鼓励优势企业开展跨地区、跨国(境)兼并重组及投资合作,增强企业参与全球化竞争的实力,到2020年,培育拥有50家年销售收入超100亿元的企业(集团),100家年销售收入超50亿元的企业(集团),500家年销售收入超10亿元的企业(集团)。

5. 优化产业结构,提升产业层级

(1)大力发展先进制造业。瞄准产业引领带动作用强、知识技术密集、物质资源消耗少、成长潜力大、综合效益好的目标,全面提升战略性新兴产业、高新技术产业的发展质量,全力推动高端装备制造、节能环保、新材料、生物、新能源和新一代信息技术等产业发展成为苏州工业经济新的支柱产业。充分发挥在苏国家级科研院所和高校的技术人才优势,积极组织推进纳米技术在新材料、生物医药、节能环保、光电子和微纳制造等重点领域的应用和成果产业化,积极组织推进实施国家创新医疗器械产品应用示范工程。重点推动工业机器人、自动化成套生产线、智能控制系统、精密和智能仪器仪表与试验设备、关键基础零部件等智能制造装备产业的发展,带动苏州工业整体技术工艺装备水平的提升,实现生产过程自动化、智能化、精密化、绿色化。到2020年,培育形成5~10条以智能装备产品为龙头、具有较高品牌影响力和市场占有率、拥有一批行业知名骨干企业、年产出规模超过1000亿元的重点产业(产品)链;节能环保产业年销售收入超过5000亿元。

(2)加快发展生产性服务业。大力发展现代物流、软件和信息服务、工业设计、检验检测、中介咨询、金融创投等生产性服务业,高水平规划建设一批工业设计产业园、软件产业园、现代物流园和创投服务园区等,推动先进制造业与生产性服务业的共生发展。到2020年,全市培育、拥有一批创新能力强、信息化应用水平高、在同行业中具有明显优势的生产性服务业企业(集团)。重点发展工业、电力、交通、教育、通信、信息安全、物联网和云计算等应用软件产品及服务外包,重点支持软件技术服务、互联网信息服务、数字内容服务、集成电路设计服务和系统集成服务,到2020年,创建成为高层次"中国软件名城"。

(3)提升发展传统支柱产业。进一步鼓励和支持传统支柱产业企业积极抢抓各种机遇,找准市场定位,创新经营方式,不断提高核心竞争力和抗风险能力。以打造重点产业链的高端环节为支撑,紧紧围绕自主品牌和技术创新,加大新能源、新技术、新材料、新装备的推广应用,助推传统支柱产业实现由贴牌生产向终端产品创牌制造转变,由简单加工装配向创新制造转变,由粗放式劳动用工向大量采用集成智能装备转变,由产品制造环节向研发、销售和服务领域延伸。传承并重塑苏州市传统工艺美术、丝绸产业发展优势,着力打造区域产业品牌,提升传统工艺美术、丝绸产业在国际国内的影响力,加快推动传统支柱产业向高端化、品牌化、特色化方向发展。

案例一　太仓：工业经济转型升级

一、基本情况

工业转型升级是加快转变经济发展方式的关键所在,是新型工业化道路的根本要求,着力点在提升自主创新能力,推进信息化与工业化深度融合,改造提升传统产业,培育壮大战略性新兴产业,加快发展生产性服务业,全面优化技术结构、组织结构、布局结构和行业结构,推动经济发展由粗放到集约、由数量到质量的转变,促进工业结构整体优化和提升。

太仓市是国家商务部与德国经济部授予的"中德企业合作基地",系国内唯一的"中德企业之乡",已有舍弗勒、托克斯、通快、西门子等200多家德资企业,一大批高产出、高素质、高科技的德资企业集聚发展,形成精密机械制造、汽车零部件制造两大特色产业。太仓坚持"港口强市、工业立市"理念,坚持以提高经济发展质量和效益为中心,围绕"大港口、大物流、大产业"发力,2013年、2014年连续两年跻身全国百强县市第四名,被工业和信息化部及江苏省经信委认定为"产业结构优、质量效益好"。

二、主要做法

《2015中国工业发展报告》显示,太仓市位列全国工业百强县(市)第13位。2015年上半年该市完成工业总产值1291.95亿元,其中规模工业产值1008.30亿元,实现公共财政预算收入58.41亿元,其全部工业总产值增速、规模工业产值增速、规模工业销售收入增速、规模工业增加值增速、技改投入增速、新兴产业产值占规模工业比重等多项指标,在苏州四县市中均列第一位。太仓市在实施"千企升级行动计划"进程中,正在由"太仓制造"向"太仓创造"转变、由"太仓速度"向"太仓质量"转变,由"太仓产品"向"太仓品牌"转变。

（一）政策扶持有"干货"

太仓市通过培育新产业、探索新模式、拓展新业态推动工业转型升级。市委、市政府出台的《关于加快转型发展、实施自主创新、推进千企升级的若干政策》中处处呈现"真金白银"，以引导企业走创新驱动、高端制造、品牌竞争、质量提升、绿色集约之路。如对企业开展技术改造最高贴息300万元，对被认定为省级创新型领军企业最高奖100万元，对被认定为国家（重点）实验室、国家工程技术研究中心和国家级企业技术中心的企业最高奖100万元，对开票销售收入新达到100亿元的奖50万元，对实际入库税收比历史最高年度净增1亿元的奖100万元，对获"中国名牌产品"或"中国驰名商标"的奖100万元。

政策的引领，促进了资金、技术、人才等生产要素向新兴产业汇聚，夯实了工业转型升级的基础。2014年，太仓市新增省著名商标7件，企业主导或参与制定国家标准7项、行业标准9项，工业投资、技改投资均以两位数递增，新兴产业占规模以上工业比重达49.8%。

（二）支持举措有力度

太仓市推行市领导挂钩服务重点企业、新兴产业和重点项目制度，切实帮助企业化解难题，建立总额为1亿元的投资基金，每年扶持2~3个新兴产业领域的重点转型项目，加大对技改、特色产业园区基础设施和公共服务平台的扶持力度。成立"千企升级行动"领导小组，实行联席会议制度，统筹工业转型升级方面的指导、协调、研究、考核工作；市经信委年初分解下达目标任务，月、季、半年、年终排名通报评价考核情况，同时建立千企升级行动计划专项报表制度，了解镇（区）工作落实情况和实际成效。引导企业树立"亩产论英雄"理念，通过在沙溪镇试点，依据亩均税收、亩均销售收入、用工数量及资源消耗等指标，将企业分为发展提升类、整治提升类和落后淘汰类，以便对企业实行差别化的土地使用税、水价、电价，从而倒逼企业转型升级。

太仓市对优势企业扩大生产和技改投入的，优先保证各类生产要素保障，优先帮助争取上级政策和资金支持。2015年仅从省经信委、省财政厅就为18个项目转型升级争取专项资金930万元；2015年上半年，已对舍弗勒(中国)有限公司等企业123个项目"千企升级"政策兑现2690万元;同时,不断完善产业投资基金操作流程,开展扎实的政银企对接,构建融资金、信息、服务于一体的融资服务体系,支持企业转型升级。

(三)发展环境有保障

太仓市不一味追求"大干快上",而是精准厘清政府与市场边界,更多依靠市场力量和手段推动转型升级与经济发展,摒弃不计成本出政策优惠、不顾影响环境大搞建设、一味铺摊子上项目。通过"六个一百"加快实施"千企升级行动计划",即扶持百强企业、培育百家企业进规模、实施百个重点技改项目、抓好百个省重点"两新产品"、推进百个新增长点项目、创建百家星级数字企业。通过"扩总量、促增量、提质量",太仓市2015年力争1家企业(舍弗勒)销售超百亿元、3家企业销售过50亿元、40家企业销售过10亿元、48家企业销售过3000万元。通过"引、移、关、提",推动工业经济增长和加速转型升级。通过政银企合作、市场拓展、配套协作、投资基金引入、服务平台建设诸方面合力,给企业发展营造了宽松便捷的成长环境。如今,从空客A380到高铁动车组,从三峡大坝到海上风电,从巨型摩天轮到精密医疗器械,从发动机系统到双离合器,随处可见"太仓制造"精密运转的痕迹。

(四)科技创新有活力

太仓市委召开的十一届十次全体(扩大)会议提出"加快推进产业优化升级,推动产业结构向中高端迈进",把握主攻方向,瞄准先进制造业、新能源、新材料、生物医药;突出科技前沿、新兴产业、核心技术;通过技术创新、组织创新、管理创新,达到科技创新目的;并拟对接"中国制造2025"和"德国4.0",制定实施工业经济转型升级新一轮政策。

太仓市科技局还牵头与中科院上海国家技术转移中心及复旦大学、上海交通大学、华东理工大学等签订协议,建立国家技术转移联盟太仓工作站,为太仓创新发展源源不断地注入新动力。

太仓人明白:科技创新永无止境,如果你的产业不能"翻身",你就无法"笑傲江湖",掌控自己的经济命脉;如果你的产业不能"上位",你就只能仰人鼻息生活,沦落为他人作嫁衣的命运! 科技创新持续增强,2014年,全社会R&D(Research and Development,研究和发展)经费支出占GDP比重达

2.37%。高新技术产业实现产值682.4亿元。新增省级以上各类研发机构15家,国家"千人计划"人才5人、省"双创"人才7人。科技产业园获批省机电装备科技产业园。新增产学研合作项目233个。万人发明专利拥有量达17.13件。居民科学素质提升工程扎实推进。获评江苏省实施知识产权战略示范市。

(五)产业载体有特色

太仓市凸显"构筑大平台、引进大项目、打造大基地",所有工业项目均向园区集中,并按产业园区化、项目基地化理念,加快拓展产业载体。尤其在招商过程中不搞"一哄而上"或"竞相杀价"。他们秉持"引进大项目—配套上下游—形成产业链"的思路,强化产业链、制高点、联动式招商,通过专题、中介、展会、网络等招商模式,重点瞄准全球500强、中字头企业和行业龙头,如光伏、光电、重型装备、生物医药等新兴产业。太仓港经济开发区着力建设重大装备制造、新能源、新材料等特色产业园区,重点发展海工装备、交通运输装备、光伏装备、风能装备、电子信息材料和化工新材料等产业;太仓新区充分发挥中德中小企业合作示范区效应,着力打造高端装备制造、精密机械和汽车零部件等特色产业园;太仓科技新城立足建设科技文化产业园、科技信息产业园、健雄大学科技园、江苏国际创意产业园等产业载体,围绕创新成果转化,重点发展新一代信息技术,打造"智慧新城";城厢镇以建设科技产业园为重点,着力发展电子信息、光电等高新技术产业;沙溪镇重点发展生物医药产业园,以创新药孵化器、药物研发基础平台、中试平台和产业化基地为重点;璜泾镇重点建设化纤产业园;浏河镇重点发展机电设备制造、汽车配件等特色产业;双凤镇重点推进绿色食品、特种新材料。错位发展,功能分明,产业承载各有侧重,并自成特色。

三、成效和启示

(一)坚持发展新兴产业和提升传统产业两手齐抓,加快产业结构调整

一是突破发展五大新兴产业。研究分析相关产业的现有基础、发展趋势和机遇挑战,通过规划引导、政策推动,力争使五大新兴产业达到有明确

发展方向、有相应发展载体、有龙头企业支撑、有产业链相互配套的目标。二是巩固提升五大传统产业。通过技术改造和信息化带动,在进一步扩张产业和企业规模的同时,力争使大多数骨干企业达到国内先进水平。

(二)推进"两区"和乡镇联动发展,调整优化载体布局

加快实施工业载体发展"2+5"战略,制定各类载体的布局规划和建设规划,优化开发区体制,实现两区、各镇错位互动发展,提升产业集聚发展水平。一是港区加快培育临江工业的集聚区。二是新区以发展都市型工业为主体加快三期开发。三是各镇加快推进各具特色的产业基地建设。

(三)注重招商选资和技术改造"双轮驱动",切实增加工业投入

工业经济的快速增长,关键要靠增加投入。一是强化招商选资。二是重抓企业技改。把现有企业技改投入放到与新上项目同等重要的位置,引导企业把握行业发展趋势,引进、采用国内外先进技术和工艺装备,提升发展优势产业。三是加快项目建设。紧紧抓住当前,协调组织好各类项目建设要素,引导投资者加快项目实施进度。

(四)实行做强骨干企业和壮大产业集群"首尾呼应",凸显工业经济的骨干支撑

实施企业成长工程和规模企业培育专项行动计划,对全市工业企业中规模领先、行业领军、发展势头较强的企业,引导其按照规模化经营、专业化协作的要求,尽快做大做强。一是实施科学引导。鼓励企业在做大做强主业、提高核心竞争力的基础上,适时选择进入关联行业和高成长性行业,以多元发展谋求裂变增长。二是实行重点支持。将政策资源进一步向"百强企业"集中,形成"市里重抓产值十亿元以上企业,区镇重抓产值亿元以上企业"的格局。三是完善激励机制。开展"太仓市特别贡献企业管理者"和"太仓市管理创新示范企业"评比活动,每年评出十位优秀企业管理者和十家管理创新示范企业,实行舆论宣传、授予荣誉、服务优待,让优秀企业家受到全社会的尊重。四是以大企业为龙头带动产业发展。对在本市特色产业中处于核心地位、能引领整个产业发展的龙头企业,要给予重点支持。

（五）瞄准自主创新和节能减排两大方向，引导工业更好地迈向新型工业化轨道

一是加大企业创新载体建设。加强与重点大学和研究所的合作，围绕主要产业和重点企业的技术创新，建成一批为企业提供应用基础研究、工程技术攻关和产品开发等一条龙服务的产学研合作载体。二是组织实施重点创新工程。重点引导和鼓励企业加大研发投入。三是加大品牌培育力度。四是推动工业化与信息化融合。五是坚持推进节能减排。

思考题

1. 太仓市的工业转型升级实践的主要特点有哪些？该市应该如何更好地发挥其自身的工业产业体系优势？
2. 你认为太仓市工业转型升级实践的参考价值及制约因素是什么？

案例二　相城区黄埭镇：转型升级发展工业经济路径

一、主要情况

相城黄埭，与姑苏城同龄的历史名镇，自古就是商贾云集之地，素有"银黄埭"之称。如今，黄埭镇成了苏州中心城区北部城区的工业重镇，集聚了近2000家内外资企业，其中上市公司9家，省级以上高新技术企业33家，民营科技企业55家。2015年上半年，全镇工业总产值同比增长13.6%，全社会固定资产投资同比增长28.7%。新材料、高端装备制造、生物医药、触控显示、电子电器、包装印刷六大支柱产业纷纷提速，"银黄埭"彰显出一个工业强镇的发展张力。

黄埭镇2014年完成地区生产总值142亿元，同比增长16%，服务业增加值占比38%；工业总产值450亿元，同比增长17%；全口径财政收入20.67亿元，同比增长22.08%；公共财政预算收入8.53亿元，同比增长10.55%；全社会固定资产投资60.2亿元，同比增长15%；进出口总额13.3亿美元，注册外资593万美元，实际利用外资1062万美元，注册内资4.47亿元。

二、主要做法

（一）大力推动项目建设

着力培植重点企业，工业经济稳步发展。新增工业预审项目5个，18个新开工和14个续建项目如期推进，新开工面积51.58万平方米，总投资34.68亿元；14个续建项目中，艾来得科技、咏春坊标准厂房、佳富达三期已竣工。21个纯技改项目，完成投资3.5亿元。协助解决领裕电子、建通光电、优霖耐磨等15家企业办理报建报批、变更手续。储备项目信息50多个、元创集团、宏茂光电等重大项目正在洽谈、跟踪。

（二）强化科技创新

欧菲光、博睿测控等15家企业列入"相城区小巨人"计划；组织申报各类省级科技企业34家，省重大成果专项2项，省高新技术产品67件，省自然基金项目2个，省科技支撑计划1项；申报省市区各类人才77名，新建博士后创新实践基地2家；江南高纤获评省优秀民营企业；获全区第一个省级创新型试点乡镇称号；中科院南京分院相城健康产业育成中心挂牌成立；加快推进企业上市工作进程，金宏气体、吉人高新在新三板挂牌上市。

（三）加快统筹发展

通过促开工、兼并重组的方式，提高土地利用率。统筹安排规划建设空间和指标落实点，安排"一村二楼宇"项目。指导组建农产品专业合作社、劳务合作社，完善股权设置方案，完成村级分红全覆盖。开展集体资产清产核资工作，完成第三次全国经济普查，获得市级先进。落实"四个百万亩"任务，获批区农业综合开发高标准农田建设项目。农产园被认定为市十大现代农业园区之一。

三、主要成效

（一）9家上市公司引发"黄埭现象"

一个镇上集聚9家上市公司，这是黄埭镇创造的一个奇迹，被人们称为"黄埭现象"。2013年11月27日，黄埭企业的"领头羊"江苏江南高纤股份有限公司在上海证券交易所挂牌上市，拉开了黄埭企业上市的大幕。上市后，江南高纤每年把企业销售额的5%用于技术和设备更新，并以国家级企业技术中心为依托，自主开发出一系列差别化、功能化化纤产品，还与国内高等院校、科研院所和下游客户合办了6个研究室，在海外设立2个开发机构。从2012年开始，江南高纤的差别化涤纶毛条和多功能复合短纤维国内市场占有率分别超过60%和50%，并跻身世界涤纶毛条企业500强。江南高纤的成功给了黄埭企业很多启发，黄埭镇因势利导，把引导上市作为加快企业成长的主要手段，出台对上市企业给予重奖500万元等鼓励支持政策，并对拟上市企业开设土地供应、项目审批、税费减免"绿色通道"，引导"上市储备"企业加快资产重组、优化资源配置,实现"择优扶持一批、改制辅导一批、申报上市一批"。

利好政策激起了黄埭企业上市的"冲击波"。2011年3月22日,苏州科斯伍德油墨股份有限公司在深圳证券交易所创业板挂牌,第二年,科斯伍德跨出国门,收购一家法国企业,走上了一条依托海外基地拓展海外市场的发展新路。2012年1月19日,扬子江新型材料股份有限公司正式登陆深圳证券交易所A股主板市场,企业攻克了"超薄才是涂层钢板的清洁生产关键技术"等重点课题,跻身江苏省高新技术企业。

2014年以来,黄埭企业上市出现"井喷"。2014年12月3日,黄埭镇在北京全国中小企业股份转让系统开设专场,苏州吉人高新材料股份有限公司、苏州金宏气体股份有限公司两家企业同时在新三板挂牌。2015年,苏州新阳升科技股份有限公司、苏州久美玻璃钢股份有限公司、江苏中标节能科技发展股份有限公司三家企业先后登陆新三板。

如今,黄埭的上市企业已发展到9家,还有禾邦电子、宝胜重工、纽克斯照明、领胜电子等15家企业进入了"上市后备库"。

(二) 20.7亿元工业投入助推转型升级

黄埭工业经济发展走的是一条科技创新转型升级之路。该镇把引进新兴产业项目作为转型升级的重中之重,把技术改造、科技创新作为加快企业成长的主要手段。

2015年上半年的数据显示,黄埭镇全社会固定资产投资37.12亿元,同比增长28.7%。其中工投入20.7亿元,同比增长31.0%;技改投入17.2亿元。数据的背后,是一个个发展前景广阔的新兴产业项目。10个新建项目总投资超过18亿元,苏州苏金新材料有限公司年产热风无纺布15000吨、深加工无纺布5000吨,苏州铭德铝业有限公司年产工业铝型材5万吨;6个续建项目总投资21.1亿元,江南化纤建设21层科技大楼打造研发中心,领裕电子年产5亿件新型电子元器件,金近幕墙年产50万平方米铝幕墙板、铝合金建筑型材等各类建筑幕墙;23个纯技改项目总投资9.7亿元,苏州欧菲光科技有限公司实施OGS三强技术、窄边框镭射技术、OGS High CT切割技术3个技改项目,苏州领胜电子科技有限公司实施异步距、空气环路2个技改项目,苏州住电装有限公司实施汽车底盘线束项目。

苏州领裕电子科技有限公司主要提供应用于电子、医疗、汽车、通信行业及精密电子元器件的模切产品,在美国硅谷建立了研发中心,在苏州、深圳、廊坊、成都、东台设有生产基地,增资扩股10亿元实施技术改造后,年销售额预计能增长到50亿元。

黄埭镇还在盘活存量上挖潜力。2015年以来,重点推进东吴染料、窑厂、鹤径羊马角区域240亩土地的回购复耕,并成功盘活了两幅土地:四海彩印由苏州龙鼎印务有限公司收购,盘活土地38.5亩;嘉乐威137.68亩闲置地块由中致科技园资源盘活,开发标准厂房97554.66平方米。

(三)33家高新企业引领创新驱动

黄埭是省级科普示范乡镇和相城区第一个省级创新型试点乡镇,全镇拥有高新技术企业33家、省级民营科技企业55家、省高新技术产品192件、各类专利1385件,建成国家级企业技术中心1家、省级外资研发机构2家、省级工程技术研究中心4家、省企业博士后工作站10家、省企业研究生工作站2家、省级企业技术中心7家、市级工程技术中心24家、市级企业技术中心23家。2015年上半年申报高新技术企业13家、省民营科技企业9家,申请专利530件。

面对经济发展新常态,黄埭镇确定了建设省级高新技术产业园区、向千亿级工业强镇迈进的目标,以发展十多年的潘阳工业园和新成立的生物科技产业园为载体,不断推进工业经济的创新发展。用信息化手段、互联网思维改造提升传统产业,在转型升级中精心培育竞争力强的成长型、税源型企业,培养更多的行业龙头、单打冠军。2015年,计划新增规模企业21家,新增销售超亿元企业12家。

围绕创新驱动,黄埭镇从接轨创新前沿、集聚高端创新要素的高度,引进国内外一流研发机构,搭建产业技术服务中心、工业设计中心、科技孵化器等公共服务平台。推动形成高新产业和战略性新兴产业发展的支撑性平台。同时,在科技项目产生、经费分配、成果运用、人才引进等一系列环节,突出企业的主体作用。鼓励企业根据自身特色和优势与科研院所、高校联合组建技术研发平台和产业技术创新战略联盟,围绕产业链形成创新资源的整合优势。

四、启示作用

围绕转型升级,黄埭镇首先在提升创新能力上发力,充分发挥潘阳工业园和生物科技产业园的资源优势,重点在高科技企业快速成长上做文章,完善产业技术服务中心、工业设计中心、科技孵化器等公共服务平台建设,提高创新成果的产业化水平和辐射能力,培育具有较大的引领和辐射能力、较强的支撑与带动作用的高新技术产业集群。同时,通过优化产业结构、优化增长方式、优化管理模式,企业实现自我调整和转变。镇里出台新的机制,以优化科技资源配置方式为核心,引导、扶持、培养创新驱动过程中出现的新模式、新现象以及科技领军人才,提升创新投入的产出绩效。

在通过盘活存量、更新产品和技术、清理闲置土地和空置厂房对企业进行重组的同时,黄埭镇积极探索政产学研联合,提升企业自主创新能力。镇里与中科院南京分院合作,成立中科院南京分院成果转化及育成中心;镇内企业分别与河海大学、苏州大学、中科院苏州纳米研究所等签订合作协议,提升自主创新能力。

思考题

1. 黄埭镇的工业转型升级有什么典型示范效应?
2. 你认为在推动镇级工业转型升级过程中,产业集群发展起到了什么作用?

案例三 常熟：用创新点燃工业升级"核动力"

一、基本情况

在苏州经济版图上，常熟是具有鲜明特色的板块。多年来，常熟市巧妙地汇聚科技资源，依托民营经济走出了县域创新驱动发展的新路径。经济新常态下，增速放缓，动力转换，常熟能否在应对经济下行带来挑战的同时，持续保持引领优势？

用创新点燃转型升级"核动力"，全力推进由要素拉动向创新驱动转换，将科技作为引领发展的"主引擎"，常熟已经明确了新的发展策略。按照"调高、调轻、调优、调强、调绿"的思路，常熟将围绕产业结构优、创新活力足、企业竞争力强做文章，推动存量优化、增量提升，在新一轮发展中以产业转型升级来培育新优势，打造产业新高地，为苏州经济发展再上新台阶贡献力量。

2014年，常熟市完成工业总产值4583亿元，其中规模以上工业产值3626亿元，分别增长0.5%和0.8%。实施"小巨人"企业培育计划，16家"小巨人"企业开票销售收入和入库税收分别增长18.5%和24%。3家企业入选民企500强，6家企业入选民企制造业500强。新增上市企业1家、新三板挂牌企业4家。新增国家标准化工作组织1个、中国驰名商标2件、江苏名牌产品6个。

二、主要做法

（一）"大块头"担纲，千亿级产业竞相集结

2015年清明节后，在奇瑞捷豹路虎汽车常熟工厂，只见智能化的生产车间、高速运转的流水线，项目规划书上的美好蓝图正在变成现实。奇瑞捷

豹路虎常熟工厂初期规划年产整车 13 万辆，设有质量中心、产品试制中心以及产品研发中心，是当今世界领先的高效汽车制造基地之一。在省经信委刚刚公布的 878 个 2015 年度省级工业经济新增长点中，奇瑞捷豹路虎入围，继 2014 年顺利量产后，2015 年正式发力，有望给苏州再贡献一个百亿级工业企业。

引领经济新常态，常熟明确了"五位一体、综合发展"的总基调，产业层面新的突破口就是汽车。从以往的承接中间制造环节到大型装备、终端产品，常熟正在产业高端融入全球格局，培育新的增长点。

针对传统产业多、中小企业多、民营企业多的特点，常熟市坚持以工业经济为主、以主导产业为主、以骨干企业为主的发展导向，编制"3+5"产业培育提升规划，实现从以纺织服装为主向中高端产业发展的转型，汽车及零部件、高端装备制造、纺织服装三大主导产业格局初步形成。

随着奇瑞捷豹路虎和观致两大整车项目投产，常熟已聚集了 40 余个国际知名汽车零配件供应商，总投资约 100 亿元。数据显示，2014 年常熟汽车制造业产值突破 300 亿元，增长 24%。预计到"十三五"末，常熟汽车产业产值将达 3000 亿元。

从传统的纺织服装到先进制造、高端装备，常熟的产业朝着"轻重协调、由低转高"的方向加快发展，正在形成三个千亿级产业集群，形成以整机为核心、大型基础件和关键配套产品协同发展的新格局。苏南重工是一家由传统钢铁企业历经三次转型发展起来的高端装备制造企业，多个产品打破国外垄断，受到电力、船舶、军工等行业青睐。依托和服务于苏南重工，周围已集聚了 20 多家相关企业，涵盖机械加工、材料工业、机械装置和成套设备等四大类，走出了一条围绕产业链构筑价值链、围绕价值链构筑创新链的发展新路。独特的长江航运优势和扎实的产业基础，吸引了苏州其他区、县市的一批大型项目在此增资新建项目，打造苏州北部最重要的高端装备产业园区。常熟的工业经济在注重培育支柱产业、高新技术产业的同时，突出发展品牌经济，做强骨干企业，形成了汽车及零部件、高端装备制造和纺织服装三大产业集群。波司登前几年就在伦敦设旗舰店，2015 年，波司登又借助米兰世博会全方位进军国际市场。江苏梦兰集团走出国门，在俄罗斯建设集石油开采、炼油化工、跨境储运于一体的综合项目，开创了中国民企跨国能源合作的先河。

（二）"小巨人"发力，六成工业投资用于技改

在苏州恒鼎船舶重工有限公司，船用曲轴的订单已排到2016年。"这得益于前两年船舶市场低迷时没有放松技术改造和科技创新。"公司总经理李世民介绍，只要大海不干，就有船舶产业的机会，练好了内功，总有发力之时。眼下，公司又安排1200万元开展技术改造和科技攻关。在常熟，一批嗅觉敏锐的企业将经济增速放缓的调整阶段转化为提质增效的"时间窗口"，带动全市存量产业加快优化。

民营经济是常熟经济发展的主体力量，也是经济转型升级的重要支撑。到2014年年底，常熟内资民资规模以上企业完成产值、销售、利税和利润，占该市规模以上工业的比重均超过55%。"民营企业是常熟的优势，但也有很多企业处在传统领域和中低端环节，转型的任务比较重。"常熟市政府领导介绍，技术改造是引导存量产业迈向中高端的重要路径，常熟确定了一个目标——技改投资占工业投资的比重超过60%。

既要做强"大块头"，还要培育"小巨人"，最大限度激发经济活力。常熟引导民营企业加快新业态、新模式、新技术开发，鼓励并购重组，优化金融服务，完善奖励扶持。目前，常熟启动了"313"培育工程，计划未来3年培育形成100家销售收入超过3000万元的创新创业企业。

目前，常熟拥有行业细分领域全国"单打冠军"企业70家、产品90只，"专精特新"产业集群基地4个，其中30多只产品国内市场占有率超过50%。2014年，常熟"单打冠军"企业实现销售收入891亿元，占全市规模以上工业的24.8%，充分体现"小而高、小而强"的活力优势。比如，常熟开关厂是全国电器研发制造领军企业，2014年实现工业产值18.26亿元，销售额18.01亿元，利润总额6.06亿元。其主导产品万能式断路器在国内中高端市场占有率达到21%。钢铁行业遭遇持续"寒冬"，常熟龙腾特钢的业绩却逆势上扬。2015年一季度，龙腾特钢销售额同比快速增长，利税达6000多万元，这与企业持续的科技创新和技术改造密切相关。如今，龙腾特钢的PC钢棒、船用型钢和耐磨钢球三个拳头产品，无论是科技含量、产品质量还是市场占有率，均在国内处于领先地位。公司透露，全年订单充裕，经营效

益有望同比增长10%。

天银机电、通润驱动等企业也显示了较强的市场竞争力,产品均占到国内市场50%以上,走出了"小产品抢占大市场"的创新之路。

近年来,常熟劝停拒批总投资超过20亿元的环保不达标项目100多个,2015年将继续强化能耗、环保、安全等标准的硬约束,关停淘汰落后低端企业100家。两年来,该市盘活存量建设用地超过1万亩,单位GDP建设用地率下降6.6%。

(三)调整"指挥棒",深化改革营造更优环境

初春的昆承湖碧波荡漾、柳树婆娑,不远处就是常熟国家大学科技园。几年前这里还是乡村,如今已落户18所高校或其研究机构,入驻企业200余家。同时,这里还集结了120多个创新创业团队、100多家双创企业。此外,上海交通大学常熟科技园、同济大学常熟科技园等创新载体也在常熟布局,苏虞生物医药产业园更是苏南国家自主创新示范区建设中的跨区域合作园区。

作为县级城市,常熟本身的科教资源并不丰富,但是,常熟坚持走"筑巢引凤"之路,相继建成4个省级以上科技企业孵化器,从而在城市南、北形成了两个创新创业资源的集中区,成为全市引进高端人才、培育科技型企业的高地。

激发创新活力,迫切需要深化体制机制改革,形成更有利于提高质量效益的鲜明导向和指标体系,营造更优环境、更肥沃土壤。围绕科技与金融结合,常熟市财政出资3亿元成立新兴产业创业投资引导基金,带动社会资金5.8亿元;出资1800万元用于科技型中小企业信贷风险补偿、科技贷款贴息和保费补贴,构建了以创投、信贷、担保、保险四大内容为主体的科技金融政策体系。

2014年,常熟全社会研发投入占比达2.4%,拥有企业研发机构207家,其中省重点实验室2家、省企业院士工作站6家、省工程技术研究中心74家,万人发明专利拥有量增长450%;建成科技公共服务平台41家,其中国家级4家、省级3家。

常熟围绕简政放权,加快向市场放权、给企业松绑,取消、暂停和下放行

政审批项目67项,削减27.3%,在全省县级市中率先公布行政审批事项目录。全面优化审批流程,在苏州率先推出建设项目模拟审批,涉及服务项目即办件比例达到60%以上。针对国资改革,常熟完善分级监管、分类考核机制,持续推进国资国企整合重组,发展混合所有制经济,提升国有经济整体竞争力。

全力推动企业从追求"速度"向追求"质量"转变。金融危机以来,常熟把经济增速放缓压力作为倒逼企业经营方式转变的动力,充分发挥产业门类齐全、制造业基础好等优势,引导企业瞄准细分市场做精做强主业,建立现代企业制度,着力提升企业核心竞争力,努力增创常熟工业经济发展新优势。良好的发展环境让常熟的吸引力更强,还推动了总部经济、高端服务业加快发展。最新数据显示,常熟的服务业增加值占地区生产总值的增加值比重达45%。

三、成效和启示

(一)大力发展实体经济

认真贯彻执行中央、省、市决策部署,深化对实体经济的认识,增强发展实体经济的信心,把社会资源更多地集中到支持和推动实体经济的发展上来。加快重点项目建设,全力推进55个重点内资项目建设,重点推进中联光电、生益科技等一批重大产业项目建设。目前,内资重点项目已有32个开工建设,开工率为58.18%,其余内资项目已进入环保、安评、报建等前期准备阶段。截至2015年3月末,累计完成投资24.01亿元,占计划总投资的12.52%,2015年完成投资6.62亿元,占当年计划投资的9.64%。一季度,全市完成工业投资63.2亿元,其中技改投资46.7亿元。

(二)优化升级工业结构

加快调整工业结构,推进三大千亿级产业培育,加快高端装备制造、新能源、新材料等战略性新兴产业发展,把工业经济增长切实转到质量效益型的发展路径上来。2015年一季度,全市八大战略新兴产业完成产值344.98亿元,同比增长1.79%,其中新能源增幅20.93%,高端装备制造完成产值108.05亿元,同比增长1.04%。

(三) 增强自主创新能力

加快建设以企业为主体、市场为导向、产学研相结合的技术创新体系，提高科技创新和成果转化水平，不断增强企业核心竞争力。加快"小巨人"企业培育，2014年全市16家培育企业总体运行情况良好，全年开票销售和入库税收分别为172.6亿元和14.3亿元，同比分别增长16.7%和24.9%，比全市工业平均水平高8.8个百分点和4.6个百分点。2014年，新增省级企业技术中心8家，苏州市级16家；有6家企业列入工信部知识产权创新试点；25个项目列入省重点技术创新项目计划；波司登和梦兰入选苏州市"十大自主品牌"；波司登获得了工信部命名的品牌培育示范企业；省级以上名牌企业完成产值989亿元。同时，进一步引导企业加大研发投入，以常熟市政府与机械科学研究总院战略合作框架协议签约为契机，积极开展项目研发、成果转化、智能制造技术研发服务等方面的应用，探索产学研对接合作的新途径。

(四) 培育专精特新产品

积极扶持一批"小而特、小而强"的同业"领跑者"企业，逐步培育形成了一批有市场竞争力和品牌影响力、有差异化原创特色优势、有行业领跑风向标的"单打冠军"企业和产品。迄止目前，常熟市拥有"单打冠军"企业70家，产品90只，专精特新产业集群基地4个，在全国县级市中位居第一方阵。行业涵盖机械冶金、纺织服装、化工、轻工、建材、电子等，其中机械冶金行业32家，纺织服装行业10家，化工行业10家。2014年"单打冠军"企业销售收入891亿元，实现利税69.6亿元，利润总额50.3亿元，分别占到全市规模以上工业的24.8%、28.4%、29.2%。其中30多只产品国内市场占有率超过50%，部分产品成为替代进口并进军国际市场的主打产品。

(五) 保障中小微企业发展

以扶持中小企业特别是小型微型企业为重点，进一步完善和落实相关政策。进一步加大对中小企业的财政税收支持力度，推动银行等金融机构扩大对小微企业的信贷支持，加快建设一批中小企业公共服务示范平台，完善中小企业服务体系，引导中小企业转型成长。运用智慧常熟建设成果，加快江苏省中小企业公共服务平台网络(常熟窗口)和企业诚信体系建设。

思考题

1. 常熟市工业转型升级实践中的创新驱动机制的特点是什么？
2. 你认为常熟市工业转型升级实践的参考价值及重点与难点有哪些？

第五章　苏州服务业的转型升级

概　述

经济发展依靠工业增长会随着工业产品的日益饱和而面临需求制约，同时，长期发展工业消耗大量资源尤其是不可再生资源，使工业增长受资源的约束日益凸显，经济发展必须寻找新的增长点——服务业的发展。由于服务业的发展可以加深各部门、各地区之间的联系，可以促进产业结构的合理化，所以随着产业结构的服务化，服务业日益成为经济增长和提高经济效益的推动器。服务业推动了产业之间的相互融合，优化了产业的价值链，使经济结构不断软化，并进一步优化了产业结构。尤其是现代服务业，不仅成为产业结构中的主导产业，而且还不断地吸纳就业，是解决就业问题的一大法宝。实践表明，没有现代服务业的支撑，一国的工业化只能停留在比较初级的阶段。大力发展现代服务业，会在很大程度上降低非再生性资源在农业和制造业中间投入中的比重，充分激活和优化配置农业和制造领域中的各类产业要素，从而达到优化和升级产业结构的目的。

一、苏州服务业发展基本情况

2014年，在国内外经济增速放缓的严峻形势下，苏州认真贯彻落实国家、省关于促进服务业发展的各项政策措施，努力转变经济发展方式，全市服务业经济保持较快、健康的发展态势，对推进经济转型升级、调整经济结构发挥了重要的作用。

(一) 服务业发展总体情况

1. 服务业持续较快增长,增加值占比不断提高

2014年,苏州全市完成服务业增加值6498.88亿元,同比增长11.1%,增速比全市增加值和工业增加值分别高出2.8和4.9个百分点。2015年以来,服务业增加值占全市增加值的比重不断提高,全年达到47.2%,比上年提高1.5个百分点,比上年一、二、三季度分别提高1.3、1.1、0.7个百分点。

2. 服务业税收增速放缓,三行业贡献八成税收

税务部门统计数据显示,2014年,全市完成服务业税收1008.57亿元,同比增长5.8%,增速比上年同期下降6.1个百分点,低于全市税收增速4.2个百分点。服务业税收占全市税收总额的37.9%,比上年下降1.5个百分点。其中,房地产业的税收增速明显下降,同比增长2.2%,比上年同期下降16.1个百分点。房地产业、批发零售业、金融业三个行业税收贡献占全市服务业税收的78.5%。

3. 服务业投资总体放缓,教育、文体投入加速

2014年,全市完成服务业固定资产投资3917.72亿元,同比增长9.7%,比上年下降5.2个百分点,占全社会投资的比重达62.9%,比上年提高3.6个百分点。其中,房地产业完成投资2079.36亿元,占全市服务业固定资产投资的53.1%,文化、体育和娱乐业及教育行业投资增幅分别为46.4%和59.5%,分别比上年提高26.7和26.3个百分点。

4. 消费品市场小幅放缓,零售总量突破4000亿

2014年,全市实现社会消费品零售额4061.11亿元,同比增长12%,比上年下降0.9个百分点,零售额总量继续保持全省领先地位。其中,批发和零售业实现零售额3580.40亿元,完成税收235.85亿元,同比分别增长12.0%和3.6%;住宿餐饮业实现零售额480.71亿元,完成税收17.69亿元,同比分别增长11.7%和2.5%。

(二) 服务业行业发展特点

1. 存贷余额双增长,证券市场逆袭复苏

2014年,随着央行发布了一系列稳健的货币政策,货币市场保持了较为平稳的发展态势,存贷款余额不断扩大,企业融资需求得到进一步满足。

2014年末,金融机构人民币存款余额22832.53亿元,比年初增加1594.94亿元,增长7.0%,增幅比上年下降4.9个百分点;金融机构人民币贷款余额18427.41亿元,比年初增加1751.88亿元,增长9.5%,比上年下降2.2个百分点。全市保险业实现业务收入311.77亿元,同比增长15.6%,比上年提高2个百分点。其中,人身保险收入168.66亿元,同比增长14.7%;财产保险收入143.12亿元,同比增长16.6%。

2014年,我国证券市场改革取得了明显的成效,市场交易量不断攀高,机构、个人投资者的参与热情不断高涨,证券市场的资本定价、资源配置作用逐渐显著。全市证券机构托管市值3607亿元,分别比上年和前年增长84.2%和181.1%,累计交易额26089亿元,分别比上年和前年增长60.8%和149%。年末资金账户数达到126万户,同比增长17.1%。

2. 房地产开发投资持续高位增长,商品房竣工面积持续下降

2014年,全市房地产开发市场高速发展态势得到一定遏制,全市房地产开发投资额达到1764.44亿元,同比增长19.6%,比上年提高2.8个百分点;房屋建筑施工面积10908.95万平方米,同比增长13.7%,比上年下降0.5个百分点;商品房竣工面积1527.19万平方米,同比下降9.8%,降幅比上年扩大2.4个百分点;商品房销售面积1599.15万平方米,同比下降14.7%。

本轮经济调控对于原本过热的房地产业进行了有效的降温,房地产业增速的适当放缓有助于苏州市转变经济增长模式、调整经济结构。2014年,房地产业实现增加值789.02亿元,同比下降2.1%,比上年下降19.9个百分点;实现税收391.48亿元,同比增长2.2%,比上年下降16.1个百分点。

3. 交通运输业回暖,邮政、电信保持平稳增长

2015年以来,受油价下降利好,全市交通运输业发展有所回暖。2014年,全市完成客运总量39661万人次,货运总量11960万吨,同比分别增长1.6%和10.8%。苏州港货物吞吐量47792万吨,集装箱运量444.99万标箱,同比分别增长9.9%和29.4%,比上年提高0.6和15.7个百分点。交通运输、仓储和邮政业全年共实现税收31.27亿元,同比增长16.5%,比上年增长14.8个百分点。

2014年，全市完成邮电业务总量15.46亿元，同比增长4.1%；实现邮政业务收入16.15亿元，同比增长6.4%。全市完成电信业务收入193.91亿元，同比下降2.3%，宽带接入用户数339万户，同比增长12.2%，依然保持平稳、较快的增长态势。

4. 招商引资增速下滑，服务外包稳步发展

2014年，全球经济依然处于复苏期，美欧主要经济体经济增长疲软，新兴经济体发展放缓。全市服务业新批外商投资项目575个，同比增长11.2%，比上年增长18.2个百分点；新增注册外资金额33.56亿美元，同比下降4%，降幅比上年收窄12.8个百分点。但需要关注的是，服务业实际利用外资比上年有所下滑，全年利用外资30.54亿美元，同比下降10.6%，其中，信息业、计算机服务业、软件业、文体娱乐业和科研技术服务业都出现了明显的下滑。与此同时，全市服务外包产业规模不断扩张。2014年，全市新增服务外包企业220家，完成接包合同额和离岸执行额分别为103.89亿美元和54.86亿美元，同比增长20.3%和18.7%。

（三）服务业发展中存在的问题

1. 电信行业发展遭遇瓶颈

受"营改增"、4G业务新老交替等因素影响，2014年，全市实现电信业务收入193.91亿元，同比下降2.3%，增速比上年下降8.5个百分点；互联网宽带接入用户数339万户，同比增长12.2%，增速下降2.8个百分点。随着4G业务的不断开展，无线接入速度不断提高，移动终端不断升级，电信行业有望在迎来较快增长。

2. 服务业发展缺乏动力

2015年以来，全市服务业税收、用电、固定资产投资的增速均出现明显下滑，服务业发展形势依然严峻。其中，服务业税收增速比上年下降6.1个百分点，服务业用电量增速比上年下降7.8个百分点，特别是邮政、住宿餐饮、金融、教育和文体娱乐、公共管理等五个行业用电量小于上年同期；服务业固定资产投资额增速比上年下降6.2个百分点。

二、苏州市服务业转型升级的主要做法

服务业是国民经济的重要组成部分，服务业发展水平是衡量一个国家、

一个城市经济社会发达程度的重要标志。"十一五"以来,苏州市服务业发展呈现总量增长、占比提高、结构提升、开放加快的良好态势,服务业对经济增长的贡献率、服务业投资占比、服务业创造的税收占比、生产性服务业占比以及服务业吸纳本地新增劳动力的比例都超过了50%。

(一)制定和完善各项政策措施,增强苏州服务业发展的"环境力"

近年来,苏州市委、市政府高度重视服务业发展工作,坚持把加快发展服务业作为贯彻落实科学发展观、转变经济发展方式的战略举措。仅2009年以来,就先后出台了《苏州服务业新一轮跨越发展计划》《促进服务业新一轮跨越发展的若干政策意见》以及促进物流、金融、科技、商务服务业等九个重点领域的新　轮跨越发展计划。同时,推出《关于支持老城区文化创意产业发展用地的若干意见》《关于加快经济转型升级,做大做强中心城市的若干政策意见》和《关于鼓励制造业企业分离,发展现代服务业的若干意见》等一系列政策,为苏州服务业发展创造良好的政策环境。

(二)加大资金的引导和扶持力度,增强苏州服务业发展的"资金力"

政府财政加大了对服务业的引导和扶持力度,仅2009年全市用于服务业发展的资金就达到260亿元,其中服务业专项引导资金近10亿元,主要用于扶持一批影响大、带动力强、具有示范效应的现代服务业重点项目,带动社会投资超过1400亿元。

近年来,苏州市服务业固定资产投资年均增长20%以上,利用外资能力逐年增强,领域不断拓宽,投资领域由商贸、餐饮、宾馆等传统服务业扩大到金融保险、物流、信息咨询、软件和研发等现代服务业。

(三)突出优秀服务业企业的战略地位,增强苏州服务业的"竞争力"

眼下,苏州市服务业呈现了加快发展的良好态势,开始进入量质并重、提速增效的发展阶段,以金螳螂、同程网、蜗牛电子和电科院为代表的一批优秀企业迅速成长。而且,苏州市服务业从业人员占全社会从业人员的比重超过34.4%,在本地新增就业劳动力中,服务业吸纳人数超过了50%。生产性服务业成为拉动苏州市服务业增长的主要力量。苏州市传统服务业积极应用现代信息技术发展新型业态,服务外包、商务会展、现代物流、信息服务、科技服务等新兴服务业方兴未艾,文化产业综合指数达列全省第一。

此外,苏州市积极推进现代服务业集聚区建设,增强苏州服务业发展的"辐射力"。目前,全市共有省市两级现代服务业集聚区60家,其中省级18家,接近全省的1/4。服务业集聚区有企业(经营户)近5万家,从业人数30多万人。

三、苏州生产性服务业发展的重点领域及目标任务

生产性服务业作为直接或间接为生产过程提供中间服务的服务性产业,既是现代服务业的重要组成部分,也是提升和发展先进制造业的关键环节。生产性服务业的提升发展可以让苏州市广大制造业企业更加专注核心业务,提升产品附加值,降低经营成本,进而提升企业竞争力;对于促进苏州市产业结构由"两头在外"向两端延伸,实现稳增长与促转型的有机结合尤为重要。

当前,苏州市正处在增长速度换挡期、转型升级关键期,过去依靠要素高消耗来维持高增长、凭借低成本劳动力实现低层次扩张的发展模式已难以为继。切实加快生产性服务业的发展,既是构建以现代服务业为主的经济格局的必然选择,也是加快打造"苏州工业经济升级版"的迫切需要;既是苏州市产业结构调整、转型升级的重要内容,也是全面提高苏州市经济社会运行效率、在高平台上保持区域经济持续较快增长的战略举措。

现阶段,苏州市生产性服务业重点发展现代物流、研发设计、软件、节能环保服务、检验检测认证、电子商务、服务外包、融资租赁、人力资源服务等。力争到2020年,苏州市生产性服务业总量占全市经济总量的35%以上,生产性服务业配套齐全、特色鲜明,成为全国重要的生产性服务业基地。

(一)现代物流

加快发展第三、第四方物流,推动物流业与制造业融合互动发展。不断完善苏州市多类型、多层次的保税物流体系,全力提升保税物流中心服务水平。大力发展现代商贸物流,推动为制造商提供精益化服务的供应链管理,探索完善供应链金融模式,提高物流企业的信息化、智能化、精准化水平。加强综合性、专业性物流公共信息平台和货物配载中心建设,推进"公路港"物流集聚运输及电商落地配送。根据《关于促进苏州市快递业健康发展的

指导意见》(苏府办〔2014〕105号),进一步优化城市配送网络,鼓励统一配送和共同配送。推动城市配送车辆标准化、标识化,建立健全配送车辆运力调控机制,完善配送车辆便利通行措施。

(二) 研发设计

贯彻落实《关于强化企业技术创新主体地位,加快科技创新体系建设的若干政策意见》(苏发〔2013〕3号),鼓励科技中介服务业发展。积极开展研发设计服务,加强新材料、新产品、新工艺的研发和推广应用。以3D打印技术应用为切入点,大力发展工业设计产业。积极引导企业加大工业设计投入,大力推广工业设计示范单位、工业设计中心的成功经验,对省级以上工业设计中心、工业设计示范单位予以奖励。鼓励第三方工业设计企业做大做强,支持研发、设计体现苏州文化要素的产品,促进工业设计向高端综合设计服务转变。积极推动工业企业与设计企业合作,加快创新成果产业化步伐,重点培育拥有自主知识产权、具有市场潜力的优秀工业设计新产品。

(三) 软件业

充分发挥苏州市电子信息产业集聚的优势,认真贯彻落实《关于推进软件产业和集成电路产业跨越发展的若干政策》(苏府〔2011〕72号),大力支持具有自主知识产权、拥有自主品牌、高附加值的软件企业发展,积极推动软件服务外包企业创新发展,巩固嵌入式软件产业地位。重点扶持和引进一批龙头企业,加快软件企业向重点软件园集聚,鼓励有实力的软件企业"走出去",全面提升苏州市软件和信息服务业发展水平,全力争创中国软件名城。聚焦"云计算""大数据"和"物联网"等重点发展方向,全力提升信息技术咨询、信息系统集成、数据存储处理和IC设计水平。全面提升苏州互联网基础设施建设水平,加快推进工业化、信息化"两化"深度融合。

(四) 节能环保服务

力促节能服务业发展。鼓励重点用能单位利用自身技术优势和管理经验,组建专业化节能服务公司,推进重点用能企业能源审计和"节能医生"诊断,发展一批能提供节能设计、测量、咨询、审计、能源管理等服务的节能服务公司。打造各类节能服务平台,配合政府开展节能技术推广,提供专业化节能咨询服务。贯彻落实好《关于加快推进合同能源管理,促进节能服务产业发展的政策措施》(苏府〔2010〕137号)等政府财政、税收优惠政策,支持节能服务机构实施合同能源管理项目,力争培育和树立一批示范项目。以深入推进国家电力需求侧管理城市综合试点工作为契机,不断建设完善苏州市电能管理服务公共平台,加快发展苏州市现代电能服务产业。推进环保服务业发展。重点发展环境工程总承包服务,鼓励从融资、设计、设备成套、安装、调试到运行的一条龙服务。大力推行各类环境污染治理设施和自动连续监测的社会化、市场化、企业化和专业化运营管理。支持再制造服务业发展。支持专业化公司为工矿企业设备的高值易损部件提供个性化再制造服务,建立再制造旧件回收、产品营销、溯源等信息化管理系统。推动构建废弃物逆向物流交易平台。

(五) 检验检测认证

重点发展面向设计开发、生产制造、售后服务全过程的分析、测试、检验、计量等服务,培育第三方的质量和安全检验、检测、检疫、计量、认证技术服务。鼓励检验检测技术服务机构,由提供单一认证型服务向提供综合检验检测服务延伸,重点支持开展国际检测认证结果互认。在全市现有289家第三方检验检测机构(国家级25家、省级35家)的基础上,加大力度培育一批创新能力较强、服务水平较高、具有一定国际影响力的骨干企业和第三方检验检测实验室。全力做好吴中区国家公共检验检测服务平台示范区创建工作。

(六) 电子商务

引导小微企业依托第三方电子商务服务平台开展业务,推动电子商务服务集成创新。深化大中型企业电子商务应用,促进大宗原材料网上交易、工业产品网上定制、上下游关联企业业务协同发展。积极发展移动电子商务,推动移动电子商务应用向工业生产经营和生产性服务业领域延伸。不断完善电子商务标准体系和快递服务质量评价体系,加强共同配送末端网点建设,推动社区商业电子商务发展。推进农村电子商务发展,积极培育农产品电子商务和电子商务示范村,鼓励网上购销对接等多种交易方式。贯彻落实苏州市《关于促进电子商务发展的若干政策意见》(苏府〔2012〕236号),全面推进国家电子商务示范城市及各电子商务示范县(区)、示范基地建设。深入推进苏州市跨境贸易电子商务服务平台和苏州内外贸一体化网上销售平台("苏州造")发展。

(七)服务外包

准确把握全球服务外包发展新趋势,鼓励服务外包企业进行技术改造,支持并资助服务外包企业申请国际资质认证,提高企业承接服务外包的能力和水平。鼓励苏州市企业为各级各类组织提供以系统设计、开发、运营、维护为主的信息技术外包服务;大力拓展在金融、电信、物流等领域从事财务、后勤、人力资源管理以及客户服务等业务流程外包服务;加快推进产品技术研发、大数据分析、用户化解决方案研究等知识流程外包服务;全面推进苏州市服务外包产业健康发展。认真贯彻落实苏州市《关于促进服务外包跨越发展的若干政策》,进一步加快"中国服务外包示范城市"建设,努力将苏州市建设成为国内服务外包的重要基地之一。

(八)融资租赁

大力推广大型制造设备、检测设备、施工设备、生产线等融资租赁服务,鼓励融资租赁企业支持中小微企业发展。引导企业利用融资租赁方式,进行设备更新和技改,鼓励采用融资租赁方式开拓国际市场。紧密联系产业需求,积极开展租赁业务创新和制度创新,拓展厂商租赁的业务范围。引导租赁服务企业加强与商业银行、保险、信托等金融机构合作,充分利用境外资金,多渠道拓展融资空间,实现规模化经营,大力支持吴江等地打造外资融资租赁产业集聚区。

(九)人力资源服务

以提高人力资源服务供给能力和促进人力资源服务业规范发展为主要任务,坚持人力资源服务业发展与产业转型升级相结合、公共服务与经营性服务相结合、政府引导与市场运作相结合,构建多层次、多元化的人力资源服务综合载体,以高标准建设中国苏州人力资源服务产业园为契机,制定实施苏州市《关于加快推进人力资源服务业发展的若干实施意见》和《中国苏州人力资源服务产业园发展规划》,加快人力资源服务产业集聚区建设,大力推动人力资源服务业向专业化、信息化、产业化、国际化方向发展,形成一批具有竞争力的综合型、专业型人力资源服务机构。

案例一　苏州工业园区：服务外包发展的经验和启示

一、基本情况

苏州工业园区是中国和新加坡两国政府的重大合作项目，于1994年2月经国务院批准设立，同年5月实施启动。园区行政区划288平方公里，其中，中新合作区80平方公里，下辖三个镇。经过20多年的开发建设，苏州工业园区已成为全国发展速度最快、最具国际竞争力的开发区之一。

面对服务全球化带来的历史性契机，苏州工业园区凭借雄厚的产业基础，以大量知识型劳动者为依托，率先推动区域经济由先进制造业向现代服务业的转型升级。截至2011年年底，登录系统的企业累计554家，从业人员5.5万人，企业获得各类外包相关国际认证161项，其中CMM/CMMI三级以上认证50项，ISO27001认证82项；累计72家企业获得技术先进型服务企业认定；入驻园区的全球服务外包百强企业达到10家。ITO、BPO、KPO业务产值的比例为52∶22∶26。美国、日本以及中国台湾和香港是最主要的离岸业务来源地，来自这四个区域的离岸合同签约额和执行额均占60%以上。

二、主要做法

（一）打造外包载体和公共服务平台

园区根据不同产业的特殊需求，精心打造各类服务外包载体，现已形成以国际科技园、创意产业园、腾飞苏州创新园为依托的信息技术外包集聚区，以生物产业园为依托的生物医药外包集聚区，以中新生态科技城为依托的生态科技研发外包集聚区，以中国电信苏州呼叫中心产业基地为依托的呼叫中心集聚区，以综保区为依托的商贸及供应链管理外包集聚区，以CBD

为依托的金融财务外包集聚区,以创意泵站为依托的动漫游戏外包集聚区,以科教创新区为依托的教育及公共服务外包集聚区,以乡镇分园为依托的业务流程外包集聚区,一区多园的服务外包载体格局初具规模。此外,园区投资十多亿元相继建设了 SAAS 公共服务平台、软件评测平台、嵌入式软件公共技术平台、中科集成电路设计中心、动漫游戏公共服务平台、综合数据服务中心、生物医药公共实验平台、人力资源服务平台、东沙湖股权投资中心、安全应急中心、市服务外包人才培训基地、呼叫中心实训基地、服务外包交易平台等多个公共服务平台。"中国服务外包第一校"——服务外包职业学院前两届毕业生实现 100% 签约就业。园区通过组团招聘、储备人才库等帮助企业培训和引进人才;园区服务外包协会活动常态化,政企沟通更趋活跃。

(二)引进优质外包及共享服务项目

园区服务外包招商更加重视质量以及与周边地区的错位发展。继携手全球标准化协会(LISA)成功举办"2010 年软件全球化亚洲论坛"之后,又于 2011 年、2012 年与 SSON(全球共享服务外包网络)共同举办了"中国战略共享服务与外包峰会"。引进了世界 500 强企业投资的惠普信息服务中心和 Best Shore 全球外包服务中国枢纽中心、三星半导体(中国)研究开发有限公司、强生亚太财务共享中心、艾默生环境优化技术(苏州)研发中心、博世技术中心、百得电动工具共享服务中心、泰科电子财务共享中心、IBM 全球交付中心;培育及引进全球服务外包百强新宇软件、大宇宙商业服务、Stream(思隽)信息咨询、萨瑟兰全球服务公司等;入驻新电信息、凌志软件、宏智科技、方正国际、万国数据、神州数码、金光纸业研发等一批总部或职能性总部。

(三)壮大外包企业

通过企业自身的努力,截至 2011 年年底,累计有 11 家全球服务外包百强企业入驻园区,72 家企业获得技术先进型服务企业新标准认定。园区服务外包企业获得各类认证(含双软企业、高新技术企业)315 项。服务外包收入超过 100 万美元的服务外包企业 173 家,其中服务外包收入超过 1000 万美元的企业 35 家。

(四)培养和引进实用型人才

苏州工业园区每年投入超过1000万元,用于培养和引进服务外包产业所需的实用型专业人才。截至2012年年底,园区共搭建了8个面向毕业生及在职人员的实训基地,涉及软件、动漫、移动通信、集成电路、客户服务、金融财会等园区服务外包产业发展迅速的行业领域,每年培训1.5万人次。此外,园区针对企业中高级紧缺人才和高技能人才这两类在职人员的培养需求,提供一定比例的培训补贴,还不定期组织高级管理及技术人员赴海外参加专业培训。为满足企业的用人需求,苏州工业园区与国内各大高校建立紧密联系,以组织专场招聘会、参加展会、购买人才数据库、集中广告等多种形式,帮助企业在国内乃至海外招聘到合适的服务外包专业人才。因此,苏州工业园区服务外包从业人员年均增长15%以上,其中80%以上来自苏州以外地区,年吸纳超过2000名来自全国各地的应届毕业生,这些毕业生经过数年的培养,将成为园区服务外包产业的中坚力量;从业人员中具有大专及以上学历的占总人数的76%,其中,硕士、博士、高层次管理和技术研发人才约占从业人员总数的20%,为园区整体外包行业的快速稳定发展提供了人才保证;从业人员平均年龄29岁,其中约75%拥有3年以上工作经验,其中4~10年工作经验的人员占据了服务外包行业工龄的主体。为了更好地留住人才,多数企业选择与员工签订3年以上的劳动合同,并支持员工参加各类职业培训。

(五)完善地方配套政策

苏州工业园区于2007年编制了《苏州工业园区服务外包产业规划》,并出台了《关于促进苏州工业园区服务外包发展的若干意见》及暂行细则,2010年4月,园区管委会对暂行细则进行了修订,出台了《关于促进苏州工业园区服务外包发展的若干意见》实施细则,细则从税费优惠、荣誉奖励、房租补贴、载体建设补贴、人才奖励、员工培训、认证补贴、市场开拓补贴、通信专线补贴等多方面明确了对服务外包企业的鼓励方式。

三、成效和启示

在20多年的发展历程中,苏州工业园区始终坚持精品意识,以高起点的规划、高水准的建设、高质量的管理,全力打造国际化、现代化、信息化的创新型、生态型、幸福型新城区。

早在2006年,苏州工业园区就开始"有计划、有系统、有重点"地转型调整,相继启动实施了制造业升级、服务业倍增、科技跨越、生态优化"四大计划"和领军人才创业工程。2007年,凭借被授予"中国服务外包示范基地"的契机,园区服务外包产业积极开创适合自身特点的产业发展模式,打造"中国模式服务外包第一园"的品牌。所谓"中国模式"主要体现在:做精与做强协调发展,制造与服务联动发展,离岸与在岸同步开拓,人才与产业共同发展,政府与企业共同推进。

(一) 做精与做强协调发展

围绕信息技术外包、业务流程外包和知识流程外包三种主要形式,着力提升服务外包产业发展层级,促进服务外包从低中端环节向高端环节转变。积极推进服务外包企业"小巨人工程",筛选一批规模效益好、自主创新能力强、管理技术水平高、品牌优势明显、发展潜力较大的本土外包企业,加以重点指导、重点服务、重点支持,帮助它们做大做强。以落实各级总部政策、上市鼓励政策为契机,鼓励企业做精业务、做大规模,培育服务外包总部企业,鼓励服务外包企业进入上市后备梯队,加快进入资本市场的步伐。

(二) 制造与服务联动发展

跨国企业尤其是世界500强公司在园区聚集程度高,由跨国公司为主的制造业拉动的各种类型服务外包内需旺盛。例如,园区已有上千家制造业企业选择了财务外包,还有3000多家企业选择各类后勤外包。近两年来,跨国公司继制造转移后展开了新一轮的服务转移,强生、泰科、百得、三星、博世陆续在园区设立财务、物流、IT、研发等共享服务中心,共享服务成为园区服务外包新热点。经过多年的招商引资,园区已基本形成了以电子信息制造、机械制造、化学制品及医药制造、造纸及纸制品制造、金属及非金属制品制造等产业为主的制造业生产体系。根据《苏州工业园区3+5产业发展报告》,园区主导产业升级转型将突破和改善两头在外的车间式生产经营模式,提升主导产业技术发展水平和规模能级,引导和推动产业向产业链和价值链两端延伸。共享服务中心成为园区制造业转型升级的首要选择。

（三）离岸与在岸同步开拓

中国有很大的内需市场，所以在岸外包是中国服务外包的重要组成部分，这和印度几乎完全依赖离岸市场有明显不同。特别是在金融危机、日本海啸等因素对离岸业务有较大影响的情况下，稳步开拓在岸市场也是企业保持业务稳定增长的有效途径之一。园区在鼓励企业增加离岸外包业务的同时，积极引导企业拓展国内的业务渠道，将区内优质品牌服务提供商名单纳入境内外专业采购协会的备选名单；通过举办各类采购商和园区供应商洽谈会，帮助区内企业寻找商机；优先将政府及国有企业的服务采购交由区内服务企业。园区服务类政府采购规模从2004年的5200万元快速增长到2011年的约6.3亿元，年均增长率达43.07%。如新宇、新电、方正等知名外包企业，都遵循着"离岸与在岸同步开拓"的思路，稳步发展。

（四）人才与产业共同发展

第一，重视服务外包人才的引进和培养。2011年政府扶持企业的人才培训资金达1195万元，4293人次受益。现有各类人才实训基地9个。自2007年底，园区便开始推行优租房制度，目前已成功实施了四个优租房项目，规模达到近50万平方米、4500套，可安置12000名人才，有效解决了人才扎根苏州的后顾之忧。

第二，聚集国内外各类高等教育资源。在总面积11平方公里的科教创新区里，集中了从中国科技大学、中国人民大学、南京大学、西安交通大学、西交利物浦大学等19所高等院校引进的与园区产业发展相关的优势专业和科研力量，如IT、纳米技术、金融管理等专业。随着研究人员的不断增加，先后有东南大学、中国科技大学、南京大学在科教创新区内建立了大学科技园，以加速科研成果产业化，科教创新区已成为IT研发与外包、生物医药、纳米技术、创意设计的集聚区。

第三，大力发展服务外包专业人才培训机构。2008年，园区政府投资7个亿建设中国服务外包第一校——苏州工业园区服务外包职业学院，针对苏州地区服务外包领域规模最大、发展最快、前景最好的ITO、BPO和数字媒体外包三大重点业务领域培养专业人才。学院以"合作共赢"为目标，搭建政、校、企三方合作平台，已经同40多家国内外知名服务外包企业、行业机构开展校企合作。

(五) 政府与企业共同推进

一是强化指导协调。发挥服务外包推进工作领导小组及其办公室的作用,加强对服务外包工作的指导和协调,做到统一领导、综合协调、分工负责、上下联动。二是完善政策机制。针对服务外包产业专业性强、涉及面广、发展配套要求高的特点,根据区域服务外包产业发展的方向、要求,创新和完善相关扶持政策、管理机制。三是提升服务能力。强化服务意识,不断提高办事效率和服务水平,通过积极开展亲商服务,努力为区域服务外包产业跨越发展提供优质、高效的服务。四是优化产业环境。服务外包产业发展硬环境方面,园区在基础设施、区域规划、交通网络、生活设施、教育体系等多方面加大投入,积极营造一流的人居环境,致力于将园区建设成为现代化、园林化、国际化的新城区。产业软环境方面,园区充分重视信息交流,搭建了各类公共信息平台为区内企业提供服务,实现了信息共享,提升了工作效率。提供融资平台,设立产业投资基金、引导补助资金、创投集团,并给予上市资金扶持。创建了优越的企业孵化环境及知识产权保护环境,支持人才创业。

思考题

1. 苏州工业园区服务外包发展的主要特点有哪些?
2. 你认为服务外包的发展应该如何做到与产业转型升级协调发展?

案例二　苏州高新区:"全链条"催化科技创新

一、基本情况

2015年4月10日,苏州高新区让16位正在申报区科技创新创业领军人才项目的负责人进行公开路演,与参会的科技金融服务机构积极对接,以让辖区内更多的科技创新项目在城西这片沃土上加速联姻。

近日,全国首批25家科技服务业试点区域名单出炉,苏州高新区与北京中关村国家自主创新示范区、上海张江国家自主创新示范区等榜上有名,苏州高新区是江苏唯一一家试点区域。

"加快发展科技服务业,大力发展科技服务业,能更好地推进创新驱动,提升区域科技创新和产业发展水平。"高新区相关负责人表示。近年来,该区重点打造科技金融服务业集聚区、产业技术服务业集聚区和知识产权服务业集聚区三个科技服务业集聚区,推进科技服务业集约化发展。

二、主要做法

(一)构建科技金融支撑网络

"科技服务业,是一种为科技创新全链条提供市场化服务的新兴产业,主要服务于科研活动、技术创新和成果转化。"高新区科技部门负责人介绍。近年来,为适应经济发展新常态,高新区围绕区域创新链积极发展科技服务新兴业态,基本形成了技术研发和设计、投融资、创业孵化、知识产权等较为完善的科技创新服务体系。

"今年公司业绩增长较快,这要感谢新区担保公司之前提供的帮助,真是雪中送炭啊!"苏州日月成科技有限公司负责人介绍,公司于2006年在高新区注册,专注于技术研发,但一直没有以自主品牌形式面向终端消费商。

两年前，公司下游主要客户因资金链断裂破产，导致公司销售额锐减，为此，公司毅然走向原始品牌制造商的转型之路。

"品牌的推广、营销渠道的建立，都需要大量资金支持。"该负责人说，于是，公司找到了新区担保公司，创造性地引入了"创投贷"产品，通过苏高新创投集团所属基金公司的期权合作，及时帮助企业获得700万元信贷资金支持，后又追加500万元。目前，该公司已成功转型，销售额稳步攀升。

短短几年间，高新区出台了20多项科技金融政策，重点扶持中小企业，特别是科技型中小企业。目前，高新区已建立了覆盖天使投资、VC投资、PE投资、产业投资、并购投资等企业成长不同阶段的投资体系，区内注册登记的创业投资企业近100家，资本规模达140亿元。

同时，高新区不断创新科技金融产品，成功发行总额度为1.8亿元的全国首支冠名"科技型"中小企业的集合票据，并积极推行科技金融项目。截至目前，高新区已有92家次企业享受区科技保险政策补贴，可转移的风险金额已累计近650亿元，共为183家次企业争取到14亿元贷款支持。

"我们还先后与交通银行苏州科技支行合作设立科技城科技金融服务中心，与人保公司合作设立苏州科技城科技保险服务中心；建立了以苏州高新科技金融广场为依托、以'太湖金谷'为引领、以规划建设中的'金融谷'为纵深的区域性科技金融集聚区建设板块。"高新区相关负责人介绍。

"太湖金谷"是高新区全力打造的公益性目标和市场化运作有效结合的新型金融服务平台，作为全国中小企业股份转让系统在国内的首家授权委托服务机构，"太湖金谷"为长三角乃至全国的挂牌优质中小企业提供路演、培训及多方案金融创新服务，实现与全国股转系统线上线下的无缝对接。

（二）助力科技创新与成果转化

推动产业技术服务业集聚区建设、助力科技创新与成果转化，一直是高新区努力的方向。

2014年，高新区财政科技投入占财政支出的比例达11%，全社会R&D占GDP比重达3.5%；战略性新兴产业产值占规模以上工业总产值比重达54.8%，高新技术产业产值和新兴产业产值占规模以上工业总产值的比重均超过50%。这份成绩单的取得，也与产业技术服务业的集聚发展密不可分。

截至目前,高新区已有创业孵化与成果转化服务机构 23 个,其中省级以上创业园、孵化器、大学科技园、技术转移机构等有 20 个;科学研究与技术开发机构类众多,其中,科研院所有 11 个,省级以上研发机构有 103 个,重点实验室有 11 个,省公共服务平台 7 个,省院士工作站 4 个和博士后工作站 27 家,R&D 人员达到 2.6 万人,"国家千人计划""省双创"等各级各类领军人才有 490 多人,产业平台的集聚与人才的集聚,有力地促进了产学研成果的转化。

高新区将用三至五年打造一个全新的产业技术服务业集聚区。这个集聚区总规划面积 156 亩,将建设 18 万平方米高标准创新载体,重点围绕装备制造、新一代电子信息、新能源、轨道交通等重点产业,集聚各类测试平台、机构与科技研发服务型企业,以提供行业技术研发、检验检测认证、工业设计、技术咨询等专业化科技服务为主攻方向,为企业提供各类产业技术支撑集成服务,助推企业技术创新与成果转化。

此外,打造全国医疗器械资源最集聚地区,也是高新区科技服务的重中之重。"2015 年我们全面启动建设江苏省医疗器械产业技术创新中心,重点整合现有江苏医疗器械产业园、中科院苏州医工所、省医疗器械检验所苏州分所、生物医学创新中心等创新资源,引进设立国家医疗器械审评中心江苏分中心,成立苏州市医疗器械行业协会,建立医学影像、体外诊断、医用光学三个技术攻关中心,与美国、芬兰、以色列等国共建联合研发中心。"高新区相关负责人介绍。到 2017 年,高新区将力争使创新中心建设成为全国医疗器械资源最集聚、人才最集中、研发能力尤其是新技术工程化能力达到全国一流的新平台。

(三)让知识产权服务引导创新

高新区还紧紧抓住"知识产权服务链",来鼓励引导科技创新。

江苏天弓是落户该集聚区的"金凤凰"之一。"我们的数据库以'云计算'为技术支撑,通过在线应用实现服务全天候无缝对接和数据共享,充分利用国家知识产权局权威全球专利数据资源,可为用户持续跟踪着 5000 多个技术专题和 7000 多个机构的全球专利布局,专利查新次数超过几十万次。"江苏天弓董事长说。

对专利的申报或运用,本质上都是对科技创新的一种推动。如今,一个"知识产权服务链"在高新区已初步形成。在这里,有国家专利审查江苏中心,有中国商标专利事务所、北京三友等近50家知名知识产权服务机构相继落户,形成了包括知识产权业务审查、代理服务、预警分析、数据利用、专利软件研发在内的完整的知识产权服务产业链。2014年,有占全国总量20%的新发明专利在高新区审结。

同时,知识产权服务体系的不断完善也促进了高新区专利申请量和授权量的持续稳定增长。2014年,高新区专利申请12262件,其中发明专利申请6485件,占专利申请总量的比重达52.89%。

"随着信息技术的不断发展和创新全球化的进一步深化,科技服务业面临着前所未有的发展机遇。"高新区相关负责人表示,"未来,高新区将以三大科技服务集聚区为载体,通过营造环境来集聚组织形式多样、专业化程度高、活动能力强的科技服务机构;力争到2017年,把科技服务业发展成为以科技要素为核心,具有强辐射带动作用和高知识层次的全新现代服务业态,培育与集聚科技服务机构(包括非独立机构)1100家,科技服务业收入达到50亿元;基本形成布局合理、重点突出、机制灵活、整体开放、运行高效的科技服务体系。"

三、成效和启示

(一)"科"字当头,创新型企业加速集聚,实体经济"知识化"发展特征明显

2011年2月,浙江大学苏州工研院在科技城挂牌。仅三年多,这个研究院就孵化出了38家企业,涉及生命健康、信息产业、直驱装备、节能环保等4个产业领域,并全面开展了电力电子器件等11个研究中心和智能计量仪表等12个联合研发中心的建设,全力突破前瞻性与产业化战略的高技术。目前,浙大苏研院已累计完成100多项产业化技术开发。该院院长助理说:"2014年,我们浙大苏研院的开票收入是2.8亿元;2015年,预计可达5亿元。"这是苏州高新区加速产业转型的一个缩影。这也意味着,苏州高新区

依托科研院所、专利引领等最新科技成果,加速产业孵化与产业链构成,推动工业实体经济产业知识化创新发展。

创建于 1992 年的苏州高新区,通过引进高新技术企业、集聚专业人才、形成管理队伍,滚动发展了工业实体经济。截至目前,该区已累计集聚了 1.7 万家私营企业、2000 多家外资企业和一批国有企业,累计引进和认定各类研发机构 300 多家,获批科技项目超过 1500 项,产业集群效应逐步放大。但不容忽视的是,数十年的改革开放,许多地方在加速追赶,在激烈的竞争中,高新区曾经的优势在弱化。

近年来,苏州高新区吸引了中科院苏州医工所、中科院苏州地理所、中国传媒大学苏州研究院、中移动研发中心、中国兵器集团 214 所等 70 多家"大院大所"进驻。同时,加速培育新一代电子信息、医疗器械、新能源、轨道交通四大千亿级产业群。背靠这些"大院大所",加速新一轮"知识化"集聚发展。例如,背靠中科院苏州医工所,已有 138 家医疗器械在苏州高新区集聚,医疗器械产业保持了 20% 以上的年增长。目前,苏州高新区新兴产业产值占规模以上工业产值比重超过了 54%。

(二)产业"轻"化,构建发展新载体,现代服务经济集群显山露水

1973 年,美国社会学家丹尼尔·贝尔在《后工业社会的到来》一书中,把人类社会的发展进程划分为前工业社会、工业社会和后工业社会三个阶段,认为后工业社会是以服务为基础的社会,最重要的因素不是体力劳动或能源,而是信息。信息是主导后工业时代发展的"动力源"。

苏州已经进入后工业发展时期。转型,大势所趋。但是,土地、环境等资源承载就那么多,区域经济进一步转型、集聚产业的"落子"是什么?后发优势的潜在空间在哪里?要发展就会碰到矛盾,"软肋"也会在发展中逐渐显现,并考验着决策者、发展者的智慧和勇气。

苏州科技城五龙山下有 1.5 平方公里的"智慧谷",2011 年 10 月落户苏州高新区的国家专利审查江苏中心就坐落其中。这里,环境宁静优雅,没有工厂车间,没有机器运转的嘈杂声。这里,集聚着 1400 余名专利审查员,90% 以上是硕士毕业生。该中心主任助理说,美国的 GDP 中,不仅仅包含产值,还把知识产权、研发应用等折算进去。中国刚开始,近几年,专利申请

量大增,溢出效应也刚开始显现。"事实上,我们掌握和背靠的是'专利大数据',不仅做专利审查,还为地方政府、企业、行业协会等提供专业服务。"目前,在这个中心周围已集聚起专利中介等服务企业40多家,2014年上半年,实现营收4000多万元。苏州慧谷知识产权服务公司是该中心成立的直属公司,做的就是"大数据"的生意。自2013年8月落户以来,该公司已经做了40多份分析报告,涉及汽车、纺织、激光等产业,为政府的招商引资、产业布局、成果转化、人才引进等提供决策支持;同时,为专利质押评估、司法鉴定、贯标等提供技术数据、信息参考。该中心对外发展部经理说,如果专利是粒种子,这粒种子的含金量是多少,可以参考我们提供的技术数据,进而为专利质押融资提供依据,帮助种子找到成长所需的资金等。2015年,他们正在做苏州电梯行业和光电缆行业的分析项目,给本地产业布局和企业发展提供指引,还联合苏州市知识产权局启动了"重大创新发明专利推荐"活动,面向企业、行业协会和投资方,给发展创新型经济提供更多的支撑。

数字,也许不起眼,但其蕴含的经济社会转型发展的意义非同寻常,表现出苏州高新区依托知识产权,依托信息、大数据的溢出效应,加速发展现代服务经济,推动产业的"轻"化发展。这样的产业转型,在苏州高新区已经显山露水。

以"人力资源产业园"为核心的人力资源服务集聚区,不仅为当地发展吸纳各种人才,其自身也在服务发展中成为现代服务产业。一幢25层的大楼,2012年开园,2013年实现营收12.9亿元,服务企业6万多家、近百万人次。2015年上半年,已实现营收8.13亿元。目前,已集聚近170家人力资源服务机构,形成了包括招聘、人力资源外包、测评、人力资源信息软件等在内的综合产业链,吸引从业人员1200多人。2015年年初,产业园还被冠名为国字号的"中国苏州人力资源服务产业园"。如今,这些入驻的服务企业中,已有三成多提出了增资扩容的要求。产业园工作的负责人说:"2015年,重点是为新一代电子信息、医疗器械、新能源、轨道交通四大新兴产业提供人才服务,如云计算、大数据等方面。"

在苏州高新区的发展蓝图中,这个产业园将聚焦八大工程,并建设国内首个符合现代服务业标准的人力资源服务产业园集聚区;打造国内首个

B2B人力资源交易综合服务平台;筹建国内首个国家级人力资源服务产业研究院等。在未来几年内,产业园将集聚300家人力资源服务机构,力争实现年产值200亿元。

而在浙大苏研院,"轻"生产特征也很明显,在总建筑面积3万平方米的研发总部,集结了800多名科技人员,38家企业在高新区没有一家生产基地。2015年6月,浙大苏研院提出,未来将把这里建设成长三角新型研发机构和战略性新兴产业基地。

从抓企业,到抓持续创新发展所需的能量源头。苏州高新区的转型"落子",或许可以从太湖之畔的"智慧谷"一见端倪。人才、信息、专利、创新成果在这里实现着"原始"的集合,服务、孵化、产业对接从这里闪烁着现代服务经济能级的"裂变"。

思考题

1. 苏州高新区的科技创新的主要亮点有哪些?
2. 你认为苏州高新区科技创新驱动机制的不足或实践推广的制约因素是什么?

案例三 苏州：拥抱文化产业新时代

一、基本情况

如果说，文化是丰厚的泥土，曾经滋养了苏州的温婉、精致，那么在工业4.0、万众创新的今天，文化再次站上风口潮头，展现强大魅力，成为苏州经济新的增长极。2009年，苏州文化产业增加值约占GDP比重的3.6%，2014年，已经达到约6.5%。5年间，苏州文化产业通过平台搭建、项目扶持、金融创新、人才培育、融合创新，蓬勃发展，营业收入年均增幅超过20%。

目前，苏州市共有各类文化企业法人单位2万余家，从业人员超50万人；拥有国家级文化产业园区（基地）8个，省级文化产业园区（基地）12个，市级文化产业示范园区（基地）39个。吴江静思园被文化部命名为"第六批国家文化产业示范基地"，苏州工业园区文化产业园被省文化厅命名为"江苏省文化产业示范园区"；国家动画产业基地和昆山、张家港国家动漫影视实验基地保持良好态势，2014年苏州市原创电视动画产量为22部9136分钟，列全省第一；多部动画作品获奖，其中"天润安鼎"的《小狐狸发明记》获第23届"星光奖·电视动画片大奖"并入选文化部2014年弘扬社会主义核心价值观动漫扶持计划；"昆山合谷"的《粉墨宝贝·舞动巴城》与"金蟹动漫"的《飞天螃蟹的中国梦》分获第十届中国国际动漫节"金猴奖"最具潜力动画形象奖、最具潜力动画形象奖提名奖；"舞之数码"的《怪物山》和"士奥动画"的《强军梦——铸就新时代国防钢铁长城》获江苏省第九届精神文明建设"五个一工程"（2012—2014年）入选作品；苏州市磐石卡通有限公司成功入选2014年度通过认定动漫企业名单，至此，苏州市通过认定的动漫企业达到14家。

2014年，71个苏州市文化产业重点项目有序推进，全年完成投资100多亿元。苏州文旅集团、震泽旅游文化发展有限公司等7家文化企业被列入国家文化金融项目库;中国工艺文化城成功入选国家特色文化产业重点项目库;苏州凤凰文化广场、苏州宋锦文化产业园、常熟科创园创意产业园、苏州江南农耕文化园三期工程、苏州和氏设计营造股份有限公司创意设计基地等一批重大载体项目已投入使用。

目前苏州市文化创意产业集聚态势良好,正在形成一批以江南文创园、姑苏·69阁文创园为代表的文化创意产业,以苏州科技城文化科技产业园、太仓天镜湖文化科技产业园为代表的文化科技融合,以工业园区动画产业园、阳澄湖数字文创园、张家港软件动漫产业园为代表的数字内容产业,以平江路和山塘街片区、太湖旅游度假区、尚湖旅游度假区为代表的文化旅游,以福纳影视基地、苏州文博中心为代表的影视演艺娱乐,以中国工艺文化城、宋锦文化产业园为代表的工艺美术(丝绸),以苏大维格、昆山张浦彩印为代表的数字印刷产业等的特色产业园区(基地)。

二、主要做法

(一)创意平台助推融合发展

走进姑苏·69阁文化创意产业园,迎面看到车间、烟囱、发酵罐等建筑,充满工业制造的气息。然而,这里却是苏州体量最大、集聚率最高的文化创意设计新高地。产业园总经理介绍,这里原是苏州二叶制药有限公司老厂房,现在有60多家设计单位入驻,其中包括善水堂空间设计有限公司、艺品阁装饰设计有限公司等一批知名设计企业,众多优秀青年设计师在这里精心设计,作品多次荣获全国大奖。

文化创意产业最核心的要素就是"创造力",由原创激发的"差异"和"个性"是产业的根基和生命,这与创客的特质不谋而合。近年来,苏州大力打造作为创客们思想碰撞与创业孵化的平台,已形成了近80个特色产业园区(基地)。2014年,苏州市级以上33个文创产业园区内的企业年营业额达到950多亿元。从2012年起至今,为文化产业搭建宣传、展示、交易综合平台的苏州创博会已经连续举办四届。前三届创博会累计吸引国内外1000余家企业参展、33万人次参观、交易总额超过42亿元,第四届创博会则交易总额突破50亿元。通过各类平台的推介对接,苏州洛可可工业设计集团、新手工艺研究院、"太火鸟"科技集团苏州运营中心等 50 多家设计机构和相关项目落地苏州;一批本土文创企业开始"走出去"。现在,苏州已有"蜗牛游戏""山猫动画"等 8 家企业获国家文化出口重点企业称号。

文化产业的融合是一种多元融合,更是顶层设计与实际问题的融合。为此,苏州相继出台了《关于推进苏州市文化产业融合创新发展的指导意见》等系列政策、文件,针对产业发展实际需要,给文化产业注入活力。

(二) 重点项目促进产业腾飞

2015 年 3 月 28 日,"书香中国万里行"活动在苏州凤凰广场启动。全国 40 多家媒体在这座拥有华东地区最大书城的文化综合体里聚焦"文化苏州"。

总投资 18 亿元,建筑面积 20.5 万平方米的苏州凤凰广场 2013 年 12 月起对外营业,至今已接待读者 500 万人次。作为苏州文化产业重点项目,2014 年,这里举办名家讲座、作品分享会、人文沙龙等文化活动 77 场,吸引了 2.5 万人次参与。短短一年,这里已成为苏州文化消费体验的理想去处。

近年来,苏州市先后制定出台了《关于推动苏州文化产业跨越发展的意见》《关于加快苏州市文化产业发展的若干政策意见》等政策、文件,激发了各地建设文化产业项目的积极性,像苏州凤凰广场一样,一批因地制宜建设的重点项目近年在苏州崛起。

统计数据表明,近年来,苏州文化产业投入每年都超百亿元。其中,2014 年全市 71 个文化产业重点项目全年完成投资 150.41 亿元。苏州文旅集团、震泽旅游文化发展有限公司等 7 家文化企业入围国家文化金融项目库。苏州宋锦文化传播及产业化升级、舟山核雕村等成功入选国家特色文化产业重点项目库。

目前,全市已形成镇湖苏绣、周庄文创、国家动画基地、阳澄湖数字园、昆山软件园、张家港软件(动漫)园等 8 个国家级、12 个省级和 39 个市级基地(园区),苏州文化产业集聚发展水平进一步提高。

2014 年,苏州文化企业已达 2 万余家,从业人员超过 50 万人,完成营业收入预计达 3565 亿元。基本形成了多门类、综合型的产业体系,成为苏州经济社会发展的新引擎。

(三) 金融创新为文创增添双翼

2015 年 3 月 25 日,苏州工业园区易亚影视传媒有限公司参拍的《麻雀春天》在安徽卫视播出,这是苏州市区企业制作的电视剧首次"上星"。由于卫视对电视片市场化要求较高,该片能够登陆卫视,也意味着这一电视剧的制作水平已相当成熟,得到了市场的认可。为了这部 35 集的电视连续剧,"易亚"和合作伙伴一共投入了 4000 万元,其中"易亚"投入 3000 万元。开拍前,"易亚"还存在 1000 万元的资金缺口。这时,在苏州市文广新局的支持及苏州市农业担保有限公司的担保下,交通银行苏州分行审批通过了该行的首笔"文贷通"业务,给"易亚"如数发放了贷款,解决了他们的燃眉之急。

资金就像水流,只有接通源头活水,才能激活文化产业。创博会新闻发言人介绍,苏州在文化金融上不断创新,通过"拨改担""拨改投"等形式,相继设立文化产业担保基金、投资基金、中小企业信贷风险补偿专项资金。其中,2011 年 5 月推出的"文贷通"担保贷款产品,担保对象主要包括创意设计、数字动漫、新闻出版、会展广告等,本市文化产业企业单笔贷款额度最高可达 5800 万元。

(四)创新创意创业人才风起云涌

文化创意产业属于知识密集型新兴产业,更离不开人才的培育。

2014 年,苏州米粒影视文化传播有限公司制作的《龙之谷》风靡一时,国内就实现了 5720 万元票房,被誉为达到好莱坞水准的国产 3D 动画大片。按照"米粒"公司的生产能力,只动用公司电脑完成后期渲染需要 2 年时间,但借助"创意云"平台,该公司只用 4 个月就完成了这项工作。创建"创意云"的,是省"创新团队计划"文化类资助团队——苏州蓝海彤翔系统科技有限公司的鲁永泉团队。鲁永泉团队是苏州培育创新创业人才的一个典型例证。文创产业,文化是基础,创意是手段,而一个个让人拍案叫绝的创意正来自人才。为此,苏州积极实施文化产业人才计划,目前已有 19 位姑苏文化创新创业人才获得奖励。

此外,苏州创博会还连续举办"全国大学生创意设计大赛""全国青年创新创业人才作品征集活动""江南十大创意策划师、江南十大创意策划案例评选"等活动,开展相关培训,为产业发展提供人才支撑。一系列努力,让苏州的创新创意创业人才风起云涌,共同托举起文化创意产业的大厦。

三、成效和启示

(一) 做好政策保障

近年来,苏州市先后制定出台了《关于推动苏州文化产业跨越发展的意见》《关于加快苏州市文化产业发展的若干政策意见》《苏州市文化产业发展资金管理办法》《苏州市金融支持文化产业发展的实施意见》《苏州市文化产业中小企业信贷风险补偿专项资金操作细则》以及《关于推进苏州市文化产业融合创新发展的指导意见》等一系列政策文件,为文化产业发展搭建起了比较完整的政策框架。

(二) 文化金融创新服务提供强大后盾

通过创新政府资金使用方式,以"拨改担""拨改投"等形式相继设立文化产业担保基金、投资基金、中小企业信贷风险补偿专项资金。"文贷通"已累计为文化创意企业提供了46笔项目融资担保,累计担保金额达6.58亿元;"文投基金"首期1.5亿元已募集到位,已完成对曾凤飞服饰设计有限公司、苏州园林营造工程有限公司、苏州传视影视传媒股份有限公司等项目的投资;"中小企业信贷风险补偿专项资金"已累计为文化创意企业提供了30笔5.59亿元的贷款支持。

(三) 加强文化与科技、旅游等产业融合发展

在已有的产业基础上,大力促进文化与科技、旅游等相关产业融合发展,推动传统文化产业转型升级,文化产业的融合发展收获显著。正在形成一批以江南文创园为代表的文化创意产业,以苏州科技城文化科技产业园、太仓天镜湖文化科技产业园为代表的文化科技融合,以工业园区动画产业园、阳澄湖数字文创园为代表的数字内容产业,以平江路和山塘街片区、太湖旅游度假区为代表的文化旅游,以福纳影视基地、苏州文博中心为代表的影视演艺娱乐,以苏大维格、昆山张浦彩印为代表的数字印刷产业等的特色产业园区(基地)。

思考题

1. 苏州发展文化产业有哪些成功的做法值得借鉴或推广？

2. 文化创新创意的不足一直是我国文化产业发展的短板，结合苏州文化产业发展的实践，请你谈谈你对培养文化创新创意人才有什么好的想法。

案例四　太仓：发展服务业促经济转型

一、基本情况

一个县级市，坐拥一个亿吨级大港。围绕港口发展经济已渗透进江苏太仓人的血脉。统计资料显示，2015年上半年，全市共完成服务业增加值248.41亿元，按照可比价计算，同比增长7.0%，占全市GDP比重为44.7%，比上年同期提高0.9个百分点。2015年上半年，全市完成服务业固定资产投资94.61亿元，占全社会固定资产投资的43.9%，同比下降19.9%，其中房地产投资完成投资33.30亿元，下降1.7%。

位于长江口南岸的江苏省太仓市，毗邻上海，堪称长江入海口的最佳港址。太仓市该如何依托拥有长江岸线38.6公里这一资源优势，抓住上海打造国际经济中心、国际金融中心、国际航运中心、国际贸易中心等"四个中心"的重大战略机遇，在转型创新的科学发展中，再造经济增长动力、构筑经济竞争优势、实现自己的跨越发展呢？

二、主要做法

（一）依托港口拓展服务业

自2010年以来，太仓市大力发展服务业，按照"规划设计超前、产业特色鲜明、关联带动作用强"的总要求，加快服务业集聚区的建设，积极打造各具特色的发展载体和功能社会化、服务产业化、手段现代化的科技服务体系，并以此为依托，加速发展生产性服务业、提升发展消费性服务业、创新发展公共性服务业，使全市服务业呈现出总量规模不断扩大、贡献份额不断提高、行业结构不断优化、核心竞争力不断增强的发展态势，现代服务业日益成为推动太仓城市经济转型的新引擎和主导产业。

依托太仓港国家开发区和国家一类口岸城市的全面营运，太仓市围绕"大港口、大物流、大产业"的目标定位，以早日把太仓港建设成为集装箱干线港为目标，坚持以港口建设促进开发开放、以扩大开放加快港口发展，坚持港口功能开发和临港服务业发展有机结合，不断完善与全市区域经济发展和综合运输体系相适应的现代物流网络，努力构建以港口为核心的现代物流体系，不断增强港口对区域经济的辐射带动能力，使全市现代物流业得到蓬勃发展。

目前，太仓港已拥有码头泊位 56 个，开通集装箱班轮航线 103 条；"区港联动""无水港"运营模式不断扩展，保税物流中心正式获批并投入营运，太仓港成为全国首个享有海港待遇的内河港口。

作为全省首批服务外包基地城市，太仓市依托太仓软件园、太仓科技创业园、太仓国际服务外包产业园、太仓 LOFT 工业设计园、江苏创意产业园、太仓科技文化产业园等面积达 60 万平方米的服务外包载体，成功引进昭衍新药（苏州）研究中心、中美冠科生物技术（太仓）有限公司等一批优质企业，初步形成了以现代物流、电子信息技术、生物医药等为主体的外包产业结构。目前，全市共有各类服务外包企业 160 余家，吸纳就业 8000 多人。

（二）围绕总部经济配套服务

伴随城市化进程的提速，太仓市商务服务业顺势而为，总部经济发展势头良好。新区 3 平方公里的中央商务区加速启动，目前已完成 18 个行政商务项目的建设，总建筑面积达 160 万平方米。科教新城天镜湖文化商圈、新港城商务区等集聚区正加快建设步伐。首批认定的 6 家总部企业拥有资产总额 112.4 亿元，注册资金达 12.2 亿元，2012 年就实现产值 455 亿元，上缴税收 28 亿元。与此同时，法律、会计、会展、广告等相关中介服务业相继崛起，服务配套能力不断增强。

不仅如此，近几年来，太仓市金融服务业占据服务业增加值的比重始终保持在 10% 以上，对经济的支撑作用日益显现。据了解，太仓市成功引进了浦发、华夏、招商、民生等股份制商业银行，太仓农商行不断对外扩展，上海路金融街初具规模，特色显露。天顺、雅本、怡球、德威等 5 家企业成功上市，募集资金达 33.63 亿元；港口开发建设投资公司、新区恒通公司、市资产经营公司等 3 家企业成功发行债券达 28 亿元;成立了雅鹿、娄江等小贷公司和民生村镇银行。此外,保险业、证券业也应时发展,机构服务更趋规范。

以旅游、商贸、房地产为主体的消费性服务业的稳步发展和提档升级,也是太仓市服务业发展的一个亮点。其中,长江口旅游度假区获批省级旅游度假区,现代农业园通过国家 4A 级景区验收,风情水街海运堤成功创建"中国特色商业街",太仓 LOFT 工业设计园成为"江苏省旅游商品研发基地",牡丹园山庄被评为"江苏省自驾游基地",双凤勤力生态园也已初具田园式休闲观光旅游景区形态。成功引入宝龙福朋、七天、MOTEL168 等连锁酒店。2010 上海世博会期间,世博太仓游客中心作为上海市域以外唯一的世博游客中心,输送各地观博游客 25 万人次,太仓城市形象大幅提升。

资料显示,日前,全市服务业增加值占 GDP 的比重年均提高 1.5%;服务业对地方公共财政收入贡献从 2009 年的 23.8% 提高到 2012 年的 36.4%。

三、成效和启示

得益于现代物流、服务外包、商贸流通、旅游开发等四大行业的平稳发展,2014 年太仓市服务业实现增加值 470.8 亿元,同比增长约 8.7%,占 GDP 比重达 44%。

(一) 依托港口,重点发展现代物流业

依托太仓港口优势,现代物流业一直是太仓市服务业发展的重点和主要增长点。在煤炭、金属矿石和木材等货物的市场推动下,太仓港货物吞吐量和集装箱吞吐量继续保持快速增长。与此同时,码头建设也在紧锣密鼓地进行之中,其中海通汽车滚装、润禾件杂货、阳鸿内河、万方二期等码头项目前期审批工作有序推进;长江石化储罐扩建、明崟物流、明达仓储、鑫海煤炭、华能煤炭储运中心、武港码头堆场改扩建等项目建设稳步开展。

(二) 加快发展服务外包业

2014 年,服务外包业发展良好,冠科生物、昭衍新药、安软等龙头企业运行平稳,其中,冠科生物成功入选 2013 年度中国服务外包成长型企业。在商贸流通业方面,五星、苏宁、仓建、万达、森茂等十大商场零售额保持增长,其中森茂、五星、苏宁的增幅超过20%。

(三)有序推进旅游开发

太仓市旅游开发也得到有序推进,江海河三鲜美食节、中国江南牡丹文化节、金仓湖公园风筝节等主题活动成功举办,集聚了人气,提升了太仓旅游知名度;沙溪古镇、浏河古镇、长江口森林公园日渐成为游客亲近自然的好去处;2014年旅游接待总人数同比增长超过10%。

(四)强化服务业聚集区建设

在这几大行业平稳发展的同时,太仓市服务业集聚区建设得到进一步强化,形成了一批形态新、成长性好、发展进度快、示范引领强的新的服务业集聚区,其中森茂汽车城和天镜湖文化科技产业园被列入苏州市第五批现代服务业集聚区。总部型企业也得到进一步发展,共新认定太仓武港码头有限公司等4家总部企业,目前太仓市累计认定总部企业21家,其中拉夏贝尔、德威新材料和武港码头三家企业被列为苏州市总部企业,苏州市总部企业已达7家。

思考题

1. 太仓市服务业发展的主要特点有哪些?
2. 你认为太仓市服务业发展应该如何与自身的整体产业转型升级相结合?

第六章 苏州新兴产业发展情况

概 述

近年来,苏州依据本地产业发展优势,同时全面衔接国家、省战略性新兴产业发展目标,出台了《苏州市战略性新兴产业重点领域技术指引》《苏州市新兴产业倍增发展计划(2010—2012)》《苏州市新兴产业产品政府采购推荐目录》《创建苏州市战略性新兴产业基地工作意见(试行)》《关于支持新兴产业重点企业加快发展的实施意见》《苏州市新兴产业创业投资引导基金》等政策文件,并确定了重点发展新型平板显示、新材料、新能源、节能环保、智能电网和物联网、生物技术和新医药、高端装备制造、软件和集成电路等八大战略性新兴产业重点领域。

作为经济转型升级的重要动力,近年来,苏州市制造业新兴产业保持旺盛的发展态势,企业数和产值占比双双逐年提升。2015年,苏州市新兴产业投资由年初的低开,到年底的正增长,全年呈现低开上行、持续向好的运行态势。苏州市在建新兴产业投资项目2424个,完成投资1440亿元,比上年增长2.9%,增幅分别比一季度、二季度和三季度提高7.9、7.2和3.7个百分点,比上年减少1.1个百分点,占全社会投资的比重为23.5%,占比提高1个百分点。其中,工业新兴产业投资完成1327亿元,增长1.4%,领先工业投资6个百分点,占工业投资的60.3%,占比提高3.5个百分点。八大新兴产业投资"三升五降"。2015年投资增长的产业有:软件和集成电路产业投资109亿元,增长59.7%;新型平板显示产业投资195亿元,增长28.5%;节能环保产业投资107亿元,增长1.8%。投资下降的产业有:智能电网和物联网产业投资74亿元,下降11.5%;高端装备制造业投资421亿元,下降5.2%;生物技术和新医药产业投资84亿元,下降4.9%;新材料产业投资360亿元,下降1.9%;新能源产业投资90亿元,下降1.8%。

根据苏州市统计局的资料显示,全市工业产值增速持续回落,且未现明显企稳迹象,生产下行压力依然较大,但是新兴产业投入持续增强,2015年1至4月工业投资一半以上在新兴产业,成为"新常态"下苏州市工业稳增长的重要支撑。在工业转型升级战略的持续推动下,苏州市新兴产业对全市工业产出的支撑作用持续增强。2015年上半年全市2529家制造业新兴产业企业实现产值7000亿元,增长7.6%,占规模以上工业产值的比重达47%,比上年末提高1.6个百分点;制造业新兴产业实现利润、利税分别增长17.1%、15.6%,对规模以上工业利润、利税增长贡献度均超过80%,成为苏州市经济发展新的增长极。1至4月,全市工业新兴产业投资340亿元,占工业投资的比重达56.9%,同比提高5.1个百分点,新兴产业对工业投入结构优化的主导地位显著。1至4月新兴产业实现产值4529亿元,同比增长3%,增速高于规模以上工业2.3个百分点,占规模以上工业的比重为47.8%,比2014年年底提高0.3个百分点。新兴产业所涉八大产业产值"六升两降",其中生物技术和新医药、新能源、智能电网和物联网三大产业增长较快,增速分别为13.7%、7.6%、6.0%,两大主导产业新材料业下降1.4%、高端装备制造业增长4.5%。与此同时,数据显示,2015年1至4月,全市完成工业总产值11274亿元,同比下降0.3个百分点,比一季度回落0.3个百分点,自2009年4月以来首次跌入负增长区间。规模以上工业产值9466亿元,同比增长0.7%,分别比一季度及1至2月回落0.2个、0.7个百分点;当月产值2545亿元,同比下降0.3%,自2014年10月以来已连续6个月处于负增长区间。

规模以上工业所涉35个行业大类中有15个行业产值同比增长,增长面42.9%,低于2014年同期74.3%(26个行业)的增长面,其中,计算机、通信和其他电子设备制造业生产在同期低基数上(-3.6%)有所恢复,产值增长3.5%;黑色金属冶炼和压延加工业面临深度调整,产值下降5.3%;第三大行业电气机械和器材制造业产值增长1.4%,增速比2014年同期回落8.4个百分点。

苏南国家自主创新示范区核心区建设大力推进,区域创新体系逐步完善。落实研发费用加计扣除等政策,减免企业所得税77.4亿元,增长16.1%。全社会研究与试验发展经费支出占地区生产总值比重达到2.68%。新认定国家高新技术企业712家,高新技术产业产值增长2.7%,占规模以上工业总产值比重达到45.9%。新增国家企业技术中心5家、国家地方联合工程中心1家、省级工程中心(工程实验室)9家。苏州市与清华大学签署创新行动计划合作协议,与北京大学合作共建独墅湖创业大学,中科院上海硅酸盐研究所太仓园区开工建设。国家技术转移苏南中心作用进一步发挥,中科院科技服务网络和国家信息中心软件评测苏州中心启动运营。知识产权强市加快建设,万人发明专利拥有量达到27.4件,比上年增加8.9件;新增驰名商标15件,累计达到112件;张家港市成为国家知识产权示范城市和版权示范城市。科技与金融结合持续深化,科技信贷省、市、县三级联动机制不断完善,成立全国首个科技保险创业投资基金。实施科技创业天使计划和创客天堂行动,国家级、省级新型孵化机构分别达到8家和47家,均名列全省第一。国际精英创业周、"赢在苏州"海外系列创业大赛、苏州技能英才周取得新成果,全市人才总量达到227万人。新增国家"千人计划"人才30人,累计达到187人,其中创业类人才107人,继续位居全国城市首位。

一、苏州市战略性新兴产业发展现状

(一)战略性新兴产业总体规模

近年来,苏州市战略性新兴产业发展势头迅猛,已经初具产业和地区集聚特征。2008年,全市新能源、新医药、新材料等战略性新兴产业总产值只有300亿元;2009年,新医药、新能源(风电装备产业及太阳能光伏产业)、智能电网、新型平板显示、新材料、传感网等六大战略性新兴产业中,经初步界定的318家规模以上企业实现工业总产值达2056亿元,占全市规模以上工业总产值的10%;2010年,全市八大战略性新兴产业工业总产值达7101亿元,规模以上企业有1267家,实现利润为542亿元;2011年,全市战略性新兴产业规模以上企业有1710家,制造业领域战略性新兴产业产值已达

10758亿元(不含软件产业产值813亿元),占全市规模以上工业总产值的比重达38.1%,对工业增长的贡献率达到50.2%;2012年,苏州市战略性新兴产业企业新增1448家,总量已达10117家,其中1—6月份,制造业战略性新兴产业实现产值5430亿元,同比增长10.1%。2015年全年实现高新技术产业产值14030亿元,比上年增产2.7%,占规模以上工业产值的比重达45.9%,比"十一五"末提高9.3个百分点。战略性新兴产业已成为苏州市经济发展的中坚力量,也必将成为优化产业结构、推进转型升级的新动力。

(二)产业发展特色

近年来,苏州市对战略性新兴产业进行了重点布局,尤其在生物医药、新能源等前沿技术领域培育了一批拥有核心技术和自主知识产权的企业,带动了自身行业的快速发展;同时,机器人行业依靠相关有利政策加快规划和布局,形成了较为完备的产业链;轨道交通产业抓住当前众多城市发展轨道交通需求的契机也得到了不断发展,增长潜力较大。

1. 机器人产业初具规模

机器人产业是衡量一个国家或地区的科技创新和高端制造业水平的重要标志,主要经济体纷纷将发展机器人产业上升为国家战略。国内众多城市先后出台机器人产业政策,规划机器人产业园,以此抓住先机,实现创新城市目标。当前,苏州市机器人产业也得到迅速发展,主要有以下三个特点:一是产业链相对完整。苏州市机器人企业涵盖产业链的机器人关键零部件制造、机器人本体制造、机器人系统集成、服务机器人等各个方面,机器人产业链基本形成。二是产业规模不断壮大。2014年,纳入统计监测的全市规模以上机器人企业实现产值90.3亿元,较上年同期增加21.5亿元,同比增长31.2%,增幅较同时期规模以上工业产值高30.9个百分点;2015年1~9月实现产值76.2亿元,同比增长13.2%,增幅较同时期规模以上工业产值高13.1个百分点。三是科研实力得到加强。全市加快推进机器人产学研协同创新,大力构建机器人产业创新平台,已与复旦大学、北京航空航天大学、德国汉堡大学等著名高校,以及昆山智能机器人研究所等科研院所开展了包括国家"863"项目在内的多个项目洽谈与合作。同时依托哈工大、南理工在工业机器人方面的优势学科和科研资源,建立了哈工大张家港智能化装备及新材料技术研究院、南理工张家港研究院。

2. 生物医药产业引领发展

当前,我国已成为世界第二大医药市场。国内社会正面临着人口老龄化、高龄化的局面,加之生活方式和疾病结构的改变,给生物制药行业提供了巨大的市场。生物技术和新医药产业作为苏州市八大战略性新兴产业之一,近年来发展迅猛,主要表现为四大特征:一是增长速度快。生物技术和新医药产业增速多年位于八大新兴产业前列,大大领先于全市规模以上企业增长速度,其中最高为2014年增速较规模以上增速快16.4个百分点,最低为2011年较规模以上增速快4.0个百分点;其占规模以上的比重逐年快速提升,由2011年的1.4%提高至2015年前三季度的2.3%。二是增长面广。在纳入统计的193家规模以上生物医药企业中,有122家企业实现正增长,增长面为63.2%,比全市规模以上企业41.6%的增长面高21.6个百分点。三是产业集聚程度高。全市10地区均有规模以上生物医药企业,其中工业园区以43家居首,占全市生物医药企业的比重达22.3%,2015年前三季度贡献产值达206.8亿元,占全市生物技术和新医药总产值40.5%。四是龙头企业占比大。以康宝莱(中国)、江苏保洁、惠氏制药等为龙头的前十大企业产值高,对全市生物制药行业发展引领作用明显,2015年前三季度前十大企业实现产值200.5亿元,占全市生物制药行业总产值的39.3%。

3. 新能源产业不断壮大

新能源产业是衡量一个国家和地区高新技术发展水平的重要依据,也是新一轮国际竞争的战略制高点,世界发达国家和地区都把发展新能源作为顺应科技潮流、推进产业结构调整的重要举措。加之我国提出区域专业化、产业集聚化的方针,并大力规划、发展新能源产业,相继出台一系列扶持政策,使得新能源产业园区如雨后春笋般涌现。近年来,苏州市新能源产业不断发展壮大,其中太阳能光伏企业坚持不断创新,新能源汽车企业依托政策支持加强研发,新能源产业表现为两个特征:一是企业生产运行呈现"二八现象"。2015年1~9月,纳入规模以上统计的新能源企业有133家,其中产值排名前20%(27家)的企业总产值达620亿元,占新能源产业总值的比重近八成(78.9%)。如商用车整车制造企业金龙客车积极运用国家政策,加大新能源客车的研发和销售,并大力开拓国际市场,从而跳出了白热化的同质竞争,取得了较好的发展,产值实现快速增长。二是产值分布呈现"金字塔"形状。2015年前三季度,产值达50亿元以上的企业有4家,10亿至50亿元的企业有16家,1亿至10亿元的企业有58家,呈现较为典型的"金字塔"形状,产业发展结构较为合理。

4. 轨道交通产业潜力凸显

城市轨道交通是我国城市化进程中必然催生的一关键附属行业,作为城市公共交通系统的一个重要组成部分,目前城市轨道交通有地铁、轻轨、市郊铁路、有轨电车以及悬浮列车等多种类型,号称"城市交通的主动脉"。随着人口和汽车数量的不断增长,城市的交通压力不断加剧,轨道交通建设方兴未艾,为苏州市轨道交通产业提供了良好的发展契机。2015年以来,苏州市轨道交通产业运行势头良好,生产呈现三大特征:一是生产势头良好。前三季度苏州市规模以上轨道交通产业完成产值170亿元,同比增长2.2%,高于规模以上工业产值增速2.1个百分点,与新兴产业产值增速持平,成为苏州市工业生产的新增长点。二是产业分布集中。纳入规模以上工业统计的轨道交通企业共56家,主要集中于新区、吴江、张家港等地,其中新区有21家,占37.5%;1~9月新区轨交企业产值91.4亿元,占全市轨交产业产值比重达53.8%。三是龙头企业主导显著。1~9月,克诺尔车辆设备、西门子电器等四家龙头轨道交通企业产值均超10亿元。四家企业产值占轨交产业产值的50.4%,同比增长6.4%,主导作用显著。

二、苏州生物医药产业发展概况

生物医药产业是资本与技术高度密集型产业,具有高投入、高回报等特征。近年来,全球生物医药产业呈现出跨越式发展态势,以30%左右的年均增幅成为全球增长最快的经济门类。"十二五"以来,苏州抢抓新一轮科技革命和产业变革的新机遇,大力培育和壮大生物医药产业。2011年,研究出台《关于促进生物医药产业发展的工作意见》,健全工作体系,并在全省设立首个"医疗器械与新医药"科技专项,着力提升产业创新能力;2013年,在全国率先启动"创新医疗器械产品应用示范工程",加快推动医疗器械和生物医药产品走向市场、形成规模。在此基础上,苏州各地纷纷出台支持政策,如苏州高新区出台《促进医疗器械产业发展的指导意见(试行)》、苏州工业区出台《关于进一步促进生物医药产业发展的若干意见》、吴中生物医药科技产业园出台《加快医药和生物技术产业发展扶持办法》等,分别从税收奖励、产业化鼓励、人才激励等方面加大支持力度,形成了上下呼应、协同推进、落实有力的产业政策体系。

(一) 产业发展现状

2013年,全市生物医药产业实现规模以上工业总产值396.9亿元、占全省1/7以上、居全省第三、占全市新兴产业比重提高到2.9%,同比增长13.1%,是全市八大新兴产业平均增幅的2倍,是规模以上工业增幅的3倍。

从行业领域看,苏州生物医药产业主要包括医疗器械、化学制药、生物制药、现代中药等四大制造业领域。医疗器械和化学制药是"两大支柱",2013年,医疗器械产值184.9亿元,占全市生物医药产业总量的47%,占全省医疗器械产值的1/4以上;化学制药产值184.2亿元,占全市生物医药产业总量的46%,占全省化学制药产值的1/9。生物制药领域企业大多处于培育期和成长期,规模以上企业较少,2013年列统的生物制药规模以上产业产值达20亿元,占全市生物医药产业总量的5%,占全省生物制药产值的6%。现代中药产值达7.8亿元,占全市生物医药产业总量的2%,占全省现代中药产值的3.3%。

从区域分布看,产业规划和布局引导进一步加强,形成了工业园区纳米生物制药、高新区高端医疗器械、吴中区医药研发外包、昆山市小核酸、常熟市现代中药、张家港市医疗器械制造等各具特色、差异化发展的产业格局。从集聚园区看,全市已建成苏州纳米、苏州高新区、昆山小核酸医疗器械等省级以上医疗器械和生物医药科技产业园区6家,占全省(26家)近1/4,汇集了全市生物医药产业60%以上的企业和55%以上的产值,产业集约化水平显著提高。

从投资来源看,生物医药产业基本符合苏州经济外向程度较高的特征,规模以上外资企业占比超过半数。2013年,全市共有医疗器械和生物医药规模以上企业164家,其中,外商及港澳台资企业84家,占比达51.2%,70%集中在医疗器械领域,内资企业80家,占比达48.8%。

(二) 科技创新能力

围绕产业链部署创新链,以前所未有的力度支持产业技术研发,集中力量攻克重大科技难关,科技支撑产业发展能力迈上新台阶。集成各类科技计划,在全省率先设立"医疗器械与新医药"科技专项,在抗体、疫苗、高端医疗器械和生物医用材料等领域部署了一批重大项目,有望在3到5年后形成新的增长点。组织苏州医药企业、高校、科研机构积极申报各类科研项目,近三年累计实施医疗器械和生物医药市级以上科技项目969项,国家、省、市三级累计拨付经费6.37亿元。牵头或参与实施国家重大新药创制专项累计21项,超过全省(165项)的1/8,获国拨经费超过8000万元,项目数和经费数均居全省前列。2013年,全市申报新药22个(一类新药2个),约占全省(721)的3%;获得临床试验批件7个,占全省(83个)的8.4%,获批上市新药数9个,占全省(28个)的1/3。小核酸药物、纳米生物医药、抗体诊断、医学工程等领域技术跻身国际前沿,与发达国家处在"同一起跑线",具有"同发优势"和"先发优势",完全有可能抢占先机,实现群体性突破和爆发性增长。2013年全市医疗器械和生物医药领域专利申请1446件,同比增长13.7%,工业园区专利申请量超过1/3;其中发明专利申请1147件,占申请总数比重高达80%,领先八大新兴产业;获专利授权688件。2013年获省级以上医疗器械和生物医药科技奖励9项。

(三)企业培育情况

苏州医疗器械和生物医药企业主要呈现"数量较多、规模较小"的特征。近年来,为进一步壮大企业规模,提升发展质量,苏州先后出台了《关于强化企业技术创新主体地位,加快科技创新体系建设的若干政策意见》《推动中小科技企业快速发展的若干措施》等,组织实施"瞪羚计划"和"雏鹰计划",培育涌现出一大批拥有核心技术和自主知识产权的创新型企业。目前,全市共有医疗器械和生物医药超过3000家,数量居全省第一,基本实现了药物研发、动物实验、安评检测、产业化中试、药品生产、药品物流等产业链各环节的全覆盖。全市共有医疗器械和生物医药规模以上企业164家,其中,销售收入超亿元企业达77家,上市企业6家(新三板2家),占全市上市企业总数的5.4%,2011-2013年三年累计获批国家重点新产品30个。全市拥有医疗器械和生物医药高新技术企业116家,研发投入占销售收入比例平均达到3%以上,其中,六六视觉、浩欧博、博瑞等医药骨干企业超过6%,

特别是一些尚处于孵化期"零收入"的企业仍在坚持不懈地加大研发投入,如泽璟2013年研发投入750万,景昱累计研发投入7000万元,企业创新能力和综合实力持续提升。长光华医国内首创用于微柱凝胶免疫检测技术的全自动血型分析仪;吴中医药成为省内唯一获准生产重组人粒细胞刺激因子注射液企业,注射用卡络磺钠的市场占有率全国第一;瑞博生物在国际上首次实现了小核酸液相合成;金普诺安国内首创甲流H1N1VLP疫苗的免疫原性高出传统疫苗10倍;中美冠科动物肿瘤模型数世界第一。此外,还吸引了辉瑞、葛兰素、诺华等世界500强和国际知名医疗器械和生物医药外资企业共80余家落户苏州。

(四) 创新人才引进

坚持把人才作为生物医药产业发展的核心战略资源,深入推进"姑苏创新创业领军人才计划"和"1010工程",加快载体、项目、金融和服务等"四位一体"联动,大力吸引医疗器械和生物医药高层次人才到苏州创新创业。组织实施"重点产业紧缺人才计划",2013年新增资助生物医药产业紧缺人才159人,占当年新增紧缺人才总量的1/3。高标准举办"2013苏州国际精英创业周"活动,吸引200多名生物医药高层次人才携带234个创新创业项目参会。探索实施高层次人才服务联席会议制度,建立分工合作、协调有序、便捷效能的人才服务机制,实现"一站式受理、一次性告知、一条龙服务",吸引了不少海内外大批医疗器械和生物医药领军人物落户苏州,吸引了陶军华、张佩琢、江山等一大批曾在美国辉瑞、英国Cruachem等著名跨国药企担任主任科学家的国际领军人才,使苏州在抗体药物、核酸药物、肿瘤药物等领域保持与国际同步水平,形成了"引进一个人才,带来一个团队,兴办一家企业,引领一个行业"的成功引才模式。

(五) 研发平台建设

平台是创新的源泉,特别对于生物技术与新医药产业来说,起点高,知识密集,实验过程复杂,更需要创新平台的支撑与服务。因此,在推进生物技术与新医药产业过程中,苏州特别注重研发载体和服务平台的建设。全市建有医疗器械和生物医药重点实验室、工程技术研究中心等市级以上研发机构85个,院士工作站15个(占全市比重近1/5),搭建江苏省生物医药创业服务平台,江苏省纳米加工、测试与工程化技术平台,江苏省昆山小核酸技术科技公共服务中心等省级以上医疗器械和生物医药公共科技服务平台9个,数量全省领先,平台服务面积21万平方米,均占全市总数的1/5以上,累计提供服务超过15万次,占全市(100万次)的15%以上,年服务收入2.4亿元,占全市的1/4以上。加快科技企业孵化器建设,全市建有省级以上医疗器械和生物医药专业科技企业孵化器3家,孵化场地面积超过10万平方米,在孵企业150余家。目前,昆山小核酸公共服务平台实现了小核酸药物临床前各个实验检测环节的全覆盖;江苏省医疗器械检验所苏州分所开展医用激光、医用超声、医用影像等200多个检验检测项目,在"家门口"为苏州乃至华东地区企业提供便捷服务。

(六)产学研合作进展

把产学研结合作为增强生物医药产业创新能力的主要途径,大力发展校企合作、区域合作、国际合作,优化产业创新资源配置。着力加强国内产学研合作,先后与中国科学院、清华大学、中国药科大学等国内50余所高校院所建立长期合作机制,年实施医疗器械和生物医药产学研合作项目100多项,500多名专家教授常年活跃在医疗器械和生物医药企业。牵头组建江苏省医疗器械产业技术创新战略联盟、江苏省纳米产业技术创新战略联盟等一批创新合作组织,联结国内外200余家企业、高校院所建立战略合作关系。先后建设中科院苏州医工所、江苏省(苏州)纳米技术产业研究院、浙江大学苏州研究院、同济大学太仓高新技术研究院、东南大学苏州生物医用材料及技术重点实验室、西安交通大学苏州现代生物制药工程重点实验室等一批重大产学研创新载体。着力深化国际科技交流,成功打造"2013苏州高新区中国国际医疗器械创新合作洽谈会""中国小核酸技术与应用学术会议"等工作品牌。在全国率先建立中芬纳米创新中心,围绕纳米生物医药等领域积极开展国际合作。昆山小核酸生物技术研究所与美国夸克、美国生命技术等国际知名公司签署协议,在小核酸药物品种等产业前沿领域构建国际联合研发机制。

三、苏州市纳米产业发展情况

苏州市发展纳米技术及其相关产业大致始于2006年,在6年左右的时间内,在国家相关部委、江苏省政府和苏州市乃至园区政府的全力支持下,在产、学、研、服各界的共同努力下,纳米技术及其相关产业从无到有,从小到大,终于成长为全市战略新兴产业的龙头老大。2010年园区正式明确纳米技术产业的"一号产业"地位,要集中资源、集中政策、集中力量,以超常规举措推动产业发展。

(一) 总体布局

苏州市纳米技术及其相关产业发展的区域创新系统主要由四大核心载体及其间少数分散的相关机构共同构成。园区对纳米技术产业相关载体进行了合理布局,其中纳米所以及纳米所二期以中科院系统科研成果为依托,注重应用研究及成果转化,在相关领域打造创新集群;纳米大学科技园对接高校系统,吸引高校团队创业,高校成果产业化;纳米孵化基地侧重纳米早期项目孵化;纳米城侧重规模生产及产业化。而在这四大载体附近的独墅湖高教区,其内部的东南大学研究生院、人民大学国际学院及武汉大学、南京大学等高校研究所和苏州大学等研发与教育培训机构,也是构成区域创新系统的重要组成部分。

中科院纳米所与纳米所二期连同纳米技术大学科技园扮演着RIS中研究发展与教育培训的角色,同时还发挥着专业服务主体中加工、测试平台的功能。纳米所二期由中科院及地方共同投资,纳米公司负责代建,位于苏州工业园区独墅湖科教创新区南部,国家纳米技术国际创新园内,紧临苏州纳米所一期左侧,占地面积约为100亩,建筑面积10.2万平方米,其中9万平方米的工程化办公用房,基建总投资约6.8亿元人民币。同时,二期工程内还在新建一批应用型产业研究院和工程中心,旨在突破若干关键核心技术,建设产业技术源头创新基地、高技术成果转移转化基地、高层次创新创业人才培养基地和产业技术创新发展服务平台。纳米技术大学科技园由教投公司负责投资建设,总规划面积36.6万平方米,建设重点实验室、科研院所研发基地、测试平台、检测中心、产业支撑服务平台等公共服务基地,计划总投资10亿元,规划建筑面积约20万平方米。纳米孵化基地亦由纳米科技公司投资建设,位于科教创新区二期桑田岛,主要功能有研发办公、实验室及商业配套等,力争建设成为基础设施完善、产业特色鲜明、创新成效显著、服务体系高度发达的高科技纳米技术园区。基地占地面积 15.58 公顷,总投资 20 亿元,目前已建成 6.6 万平方米的首期工程,二期预计投资 7 亿人民币,继续建成 14 万平方米的载体,2012 年 3 月份开始进场施工。而与纳米孵化基地相毗邻的纳米产业化基地,占地约 100 公顷,规划建筑面积 150 万平方米,总投资 70 亿元。这样一个区域创新系统以"园中园"的形式集聚于苏州工业园区独墅湖高教区的西南部,包括了 RIS 中的企业主体、研究发展主体、教育培训主体以及专业服务主体中的加工测试平台、孵化器加速器、金融服务单位组团等。同时,政府在其中发挥着不可替代的巨大作用,提供基础设施,设置优惠政策,构筑创新保障环境,作为第一推动力与核心系统紧密联系。

(二)基本情况

经过几年的成长,苏州纳米产业所处的 RIS 中已经聚集起近 200 家纳米企业。纵观这些企业所生产的产品,可以纳入纳米材料产业、纳米器件产业、纳米检测仪器设备产业,以及应用纳米材料和器件延伸所进入的其他领域范畴,如纳米光电子、纳米医药和纳米节能环保等。所以,从表现形式上来看,目前苏州市形成了以五大产业领域、七大重点产品群为特征的纳米技术及其相关产业。

从经济数据上来观,苏州市纳米技术相关产业于 2006 年起步,1~2 年后逐渐有了产出。根据苏州工业园区科技局不完全统计(2012 年),纳米产业 2008 年实现产值约 11.4 亿元人民币;2009 年实现产值约 24 亿元人民币,同比增长 110%;2010 年产值约为 38 亿元,同比增长约 58%;2011 年产值达到 60 亿元人民币,同比增长了约 58%。4 年平均年增长率约 75%,发展的速度与程度都十分惊人。

就其取得的成果来看,苏州市在发展纳米技术及其相关产业方面,已经积累了一定的经验:

围绕苏州市纳米技术及其相关产业已发展出了一个较为完善的区域创新系统,已经基本具备了政府、企业、研究发展、教育培训及专业服务机构等五大主体和一个由五大主体共同构成的协同创新载体——江苏省纳米产业技术创新联盟。各主体都参与了纳米产业的发展过程,并通过彼此间相互作用,不断为产业的发展添砖加瓦。

　　政府主体在整个纳米产业的发展过程中,起到了关键性的"第一推动力"作用。政府由中央到省到地方,各级各部门上下协作,营造了良好的技术及产业发展环境。苏州市政府具有"亲商"的态度,形成了较为完整的创新政策体系,涵盖了产业促进、税收优惠、人才引进、科技研发、资金支持等全方位优惠政策,为纳米技术及其相关产业的发展提供了软件保障;另外,苏州市对纳米产业各相关载体、基地等的合理布局与科学规划,加之苏州天然的地理优势,也为纳米技术及其相关产业的发展提供了硬件保障。

　　高度集中的研究发展和教育培训主体,使得苏州市发展纳米技术及其相关产业具有强大的技术和人才支持体系。苏州市纳米技术及其相关产业发展的区域创新系统集中于苏州园区的独墅湖高教区内,区域内的中科院、东南大学、苏州大学等一流研发、教培机构,为纳米研究及纳米人才的培养提供了便利。

　　全方位的金融、孵化/加速、加工/测试/标准等服务体系,帮助解决资金、技术、人才等方面的难题,为企业的生存、发展提供了保障。

　　技术创新联盟的设置,为区域内政、产、学、研的沟通合作提供了便利的平台,也促进了国内、国外的协作、交流。这样一个协同创新载体,可谓是苏州市发展纳米技术及其相关产业中的创新。

案例一　苏州工业园区：纳米技术产业发展的经验及启示

一、基本情况

纳米技术对新兴产业发展有重大的引领带动作用，被全球公认为21世纪最重要的高新技术之一。在纳米技术从实验室研究向产业化应用迈进的关键时期，苏州工业园区确立了以纳米技术引领全区新兴产业的发展思路。经过十多年的艰苦创业，园区已建成为国内规模最大、最具竞争力的纳米技术研发与产业化基地。

苏州工业园区敏锐地抓住战略机遇，2003年启动建设首个纳米技术产业项目———中科纳米苏州产业化基地。2006年，中科院、江苏省在园区共建国内首个纳米技术领域的国家级研究所——中科院苏州纳米技术与纳米仿生研究所，同时规划建设生物纳米科技园。2010年，园区正式将纳米技术创新与产业化应用列为园区的"一号工程"，将纳米技术产业列为园区的"一号产业"，旨在通过纳米技术的"点金手"作用，把园区新能源、新材料、生物医药、电子信息、生态环保等新兴产业聚拢起来，形成"拳头"效应。争取到2015年实现纳米技术应用产业产值超200亿元，辐射带动相关产业产值超500亿元；到2020年，纳米技术应用产业产值超500亿元，带动相关产业产值超1000亿元，建成国际一流的纳米技术创新重大基础设施和国内第一、具有国际影响力的纳米技术应用与产业化基地。

二、主要做法

为加快纳米技术产业化步伐，园区创造性地提出了构建纳米技术产业生态圈发展模式。全力推动以纳米科技为纽带的领先技术、创新产品、高端人才、产业资本、支撑平台、创业载体等六大产业要素的聚合，广泛带动纳米技术及其关联企业、高等院校、科研院所、金融和创投机构、中介组织、政府部门等主体围绕纳米技术产业发展,形成聚合效应。

(一) 建立健全产业发展运行机制

成立苏州纳米技术产业专家咨询委员会,从宏观上把脉产业发展方向。聘请省内外高校纳米专家到园区担任科技特派员,指导产业发展。成立国资公司苏州纳米科技发展有限公司,重点开展基地建设、资源整合、项目育成、平台开发、品牌塑造、成果推广等业务,加快纳米技术产业化进程。

(二) 抓好创新载体和研发平台建设

园区先后投入40亿元,已建成纳米大学科技园、生物纳米园、纳米城(一期)、纳米所及育成中心,面积约110万平方米。以后还将投入60亿元,新建150万平方米的纳米城,形成"创新—孵化—产业化"一条龙的产业发展空间布局。建立纳米科教协同创新中心,推动高校、研究机构、企业间建立多元化合作机制,广泛开展技术攻关和人才培养。目前,园区已建成柔性制造、功能纳米与软物质、生物医用材料等20多个创新研发实验室,以及纳米加工、纳米测试分析、产学研联合创新等公共平台,面向区内乃至全国开展专业服务。此外,园区还在建设纳米产业技术研究院、纳米真空互联试验站,支撑重大科研攻关,抢占纳米技术发展国际制高点。

(三) 强化金融机构和中介组织服务

园区出资4亿元设立创投引导基金,引导或跟进创业投资,跟投比例最高可达100%。设立风险补偿资金池,用于科技之星、科贷通、助科赢等创新金融产品的风险补偿。设立天使基金,专门投资重点领域高端环节的初创期项目。成立担保公司,为区内中小企业提供流动资金贷款、开立信用证、发放债券和票据贴现等各种筹资担保。引进国内首个"千人计划"创投中心,设立了国内最大、总额600亿元的国创母基金;引进金融类机构373家,资金规模达500亿元,成为国内VC/PE集聚度最高的区域之一。此外,组建了中小企业服务联盟、产学研服务联盟、技术创新服务联盟等专业组织,开展融资担保、产学研合作、人才培训、政策咨询、项目管理、产业沙龙等方面的公共服务。依托中科院纳米所成立了纳米技术生物安全评价中心,建立纳米技术产业化联盟标准体系,积极推动纳米技术企业参与国家和行业标准制定。

（四）不断完善产业发展扶持政策

设立纳米技术研发与创新专项资金,每年不低于 1 亿元,主要用于纳米技术领域的研发与创新,国家、省、市计划的科技项目配套以及纳米技术创新公共平台的建设。设立纳米领军人才专项资金,每年不低于 1 亿元,重点支持有重大引领作用的旗舰型产业化项目。对纳米技术企业实施三年三减半的税收优惠政策。经认定为优先鼓励的纳米技术产品,按其当年度销售额的 2% 给予奖励,用于提升企业研发创新,单个企业累计奖励总额最高可为 1000 万元。设立纳米技术人才专项资金,每年不低于 5000 万元,用于引进和培养纳米技术领域的专业人才,支持其在园区开展纳米技术领域的创新创业工作。设立知识产权保护专项资金,对积极参与专利申请的企业和个人予以奖励,鼓励企业建立内部专利数据库。

三、主要成效

（一）产业规模增长迅速

苏州工业园区目前已拥有纳米技术企业 340 余家,2014 年纳米产业产值达 204 亿元,同比增长 48%。2015 年,园区的纳米产业产值达 280 亿元左右。纳米新材料、微纳制造、能源与纳米光电子等优势领域在国内市场占据主导地位,苏大维格、南大光电、科纳等已成功上市,晶方半导体等多家企业进入上市程序。

（二）优势领域逐步形成

在 MEMS、激光、LED、印刷电子、微纳柔性制造、纳微米球、纳米碳材料、第三代半导体材料、小核酸药物、锂离子电池、水处理、纳米靶向给药、装备与测试设备、光伏等 10 多个子领域的上游环节基本形成优势,其中在 MEMS、LED、纳米功能新材料与纳米复合材料、微纳制造等领域初步形成产业集群,并在部分领域掌握国际一流、国内领先的产业核心关键技术。

（三）创新资源加速集聚

已有中国科学院、中国科技大学、美国代顿大学、苏州大学等近 20 个国内外知名高校和科研院所,在园区设立与纳米技术相关的研究机构,建成纳米材料与器件、微纳制造、高性能陶瓷纤等相关领域实验室及工程技术中心30多个。累计申请纳米技术相关专利1500多个，其中发明专利300多个，同比增长32%。

（四）高端人才引领发展

5年来，园区相继规划建设了纳米城、纳米大学科技园、纳米大科学装置（纳米真空互联实验站）、MEMS中试平台等一批高水平载体平台；成功引进了中科院纳米所、电子所、兰化所以及中科大、西交大纳米学院等50多家知名科研和教育机构；累计集聚纳米领军人才创业团队220多个，其中千人计划团队64个，全国MEMS领域、氮化镓领域中80%高端人才团队齐聚园区。园区先后被认定为国家纳米技术国际创新园、国家纳米高新技术产业化基地、国家科教结合苏州纳米技术产业创新基地等，成为全球八大微纳米技术产业集聚区之一。

（五）国际影响力不断扩大

德国、日本、韩国、以色列、俄罗斯、捷克、塞尔维亚等国纳米技术产业同行都与园区建立了合作关系，美国乔治·华盛顿大学、代顿大学、加州大学洛杉矶分校以及英国牛津大学等在园区设立了研究院，新加坡、芬兰、荷兰等国以及IBM、索尼等世界500强公司也纷纷进驻园区开展研发合作、共建联合实验室等。由园区承办的中国国际纳米技术产业发展论坛及纳米技术成果展（CHInano）已连续举办三届，成为我国规模最大、国际影响最广的纳米技术品牌大会。

四、启示作用

产业集群成长中的政府角色对于高新技术产业而言，因市场新兴性、技术前沿性等诸多因素，不能完全依赖于市场的自发行为，政府有必要通过规划引导、政策集成、体制创新等方式，成为产业发展的支持者、组织者和推动者。苏州工业园区纳米技术产业发展的成功实践，为各地发展战略性新兴产业提供了有益的借鉴和启示。

（一）培育和发展产业集群，必须根据地方经济特点科学选择发展方向

产业集群的形成不是人为选择的结果，而是在区域已有条件和基础上发展起来的，它需要以良好的区域根植性为基础。苏州工业园区之所以选择纳米技术产业，主要基于园区的产业基础、人才优势以及和周边错位发展的考量。因此，要培育和发展战略性产业集群，就必须认真分析当地可利用的区位、资源、交通等比较优势，准确把握产业发展方向和集群定位，突出特色，扬长避短。

（二）培育和发展产业集群，必须努力营造产业聚集的"生态圈"

着力构建产业生态圈，打造亲商安商的软环境，是近年来苏州工业园区纳米技术产业发展的集中体现。当前，各地对产业集聚的硬环境建设比较重视，但对产业集聚的软环境往往重视不够。因此，产业集群的形成发展，客观上要求政府积极推进职能转变，通过体制机制创新，增强服务意识，规范行政行为，提高服务质量，努力营造良好的软环境支持系统。

（三）培育和发展产业集群，必须大力推进协同创新

苏州工业园区锁定纳米技术产业发展的上游、高端、关键环节和核心技术，精心构筑了产学研金介政共同参与的协同创新模式，从根本上保证了产学研用的流程衔接和相互促进。实践表明，培育和发展产业集群，就要突破传统的科技创新模式，构建企业、高校、科研院所、金融机构、中介组织、政府部门深度融合的协同创新链，以协同创新的乘数效应，形成整体创新优势。

（四）培育和发展产业集群，必须注重区域品牌建设

苏州工业园区把纳米技术产业作为"一号工程"，在海内外广泛宣传推广，努力打造"东方慧谷"品牌形象。现在只要提及纳米技术产业，业内人士就会想到苏州工业园区。由于区域品牌具有公共产品性质，有助于提升产业集聚的价值和竞争力，为集群内所有企业所共享，所以政府应是区域品牌的缔造者和维护者，没有任何企业和组织能替代政府这一角色。需要特别指出的是，在产业培育和成长的过程中，政府行为的介入是必需的，但也要把握分寸，审慎使用。政府的主要职责是制度供给和公共服务，而不应干预具体的生产经营,片面追求短期的经济效益。随着产业集群的逐步成熟和市场经济的不断完善,政府行为也要相应调整。总的趋势是,政府要从"保姆"向监护者转变,把产业集群创新主体的角色逐步让渡给企业或者行业协会。

思考题

1. 苏州工业园区纳米技术产业发展的路径是什么?
2. 你认为苏州工业园区的纳米技术产业发展可能面临的瓶颈是什么?

案例二 苏州高新区：新兴产业发力，助推转型升级

一、基本情况

2009年，苏州高新区出台政策打造"2+3"产业体系，提出确定电子信息、装备制造等两个主导产业调整振兴和新能源、医疗器械、软件和服务外包等三个新兴产业提升发展，在支撑和带动区域经济创新发展方面起到了极大作用。随后，面对日益激烈的国际竞争，苏州高新区又及时提出了做大做强新一代信息技术、轨道交通、新能源、医疗器械、地理信息等五大优先发展产业，提升发展电子信息、装备制造等两大产业的"5+2"产业发展计划。2014年，苏州高新区战略性新兴产业实现产值达到1425.9亿元，占规模以上工业总产值比重达到54.8%。

截至目前，苏州高新区已成为全国科技创新服务体系建设试点单位，江苏省首批、苏州首个"苗圃—孵化器—加速器"科技创业孵化链条试点单位，全国首批科技服务业区域试点。全区国家级科技企业孵化器和省级科技企业加速器数量分别达到5家和2家，均位列苏州市第一；全社会研发投入占GDP的比重超过3.4%，连续七年位列全市第一。

未来几年苏州高新区将重点围绕新一代信息技术、医疗器械、轨道交通、新能源、地理信息和文化科技产业等五大战略性新兴产业，打造工业经济升级版。目前苏州高新区正全力推动战略性新兴产业做大做强，已明确产业细分领域、关键技术、重点产品的发展目标和发展思路等。新一代信息技术产业重点打造国产高性能安全服务器生态产业园和中国移动苏州研发中心。到2020年，力争形成超百亿元的服务器产业集群。中国移动苏州研发中心目前云计算及大数据产品已在中国移动内部获得规模化商用，产值超过5000万元，预计2016年收入规模将超过10亿元。

二、主要做法

（一）充分发挥载体优势，促进产业集聚发展

已在建设的州高新区光伏产业园，主要引进电池片及模组生产企业、硅片生产企业、光伏应用技术研究院、第三方检测中心、逆变器及储能等配套产品生产企业、相关设备生产企业、系统集成企业以及物流配送中心等；充分发挥医工所这一重要技术支撑平台，大力发展医疗器械产业；依托苏州科技城、创业中心两个重点集聚区，保税物流中心、X2 创意街区及博济创意园、人才大厦和环保产业园四个特色集聚区，大力推动服务外包发展。

（二）围绕核心技术，促进产学研合作，走联合之路

积极促进企业与海内外高校、科研机构等加大合作力度，研究开发新兴产业领域最先进的技术和产品，抢占产业发展的制高点；鼓励企业在致力于引进技术的同时，也将关键技术的研发和设计外包给研究机构，对于关键部件、元器件的生产如果国内的制造能力有所欠缺，也可考虑采取 OEM 形式委托国外厂家生产。

（三）大力引进人才，为新兴产业发展提供智力支撑

加大新兴产业领域领军人才的引进力度，为产业发展提供技术保障；同时大力引进一批既懂新能源、生物医药、服务外包等领域专业知识，又懂产业规划、市场营销等的复合型人才。

三、主要成效

（一）服务外包实现跨越发展

服务外包产业作为高新区"2+3"产业规划中的三大新兴产业之一，对高新区产业转型升级有着重大促进作用。全区外包企业在商务部注册达170 家，欧索软件与仕德伟网络科技入选中国服务外包百强成长型企业，UL 美华认证等 3 家企业入选江苏省国际服务外包重点骨干型企业，各项指标均列全市第二位。

1. 产业集聚效应显现

国际著名软件与服务外包巨头、印度最大的 IT 企业之一——印度沛特

尼中国总部在苏州科技城开业运营。沛特尼公司在全球拥有员工1.8万人,业务范围涵盖金融、制造业、通讯、保险、零售业媒体及娱乐、能源和交通等领域的信息技术服务和商务服务,在美国、欧洲、日本等国家和地区设有23家销售和服务机构。微软、IBM、英国电信、美国通用等全球企业1000强中,有200余家企业是该公司长期客户。高新区坚持引进优质龙头型企业与培育本区域高成长型企业并重,陆续引进了包括沛特尼在内的众多知名服务外包企业,如新致软件、清华易程、立思辰科技等企业,高新区服务外包产业集聚效益显现。高新区培育了以华硕科技、富士通为代表的信息技术研发外包,欧索软件、仕德伟网络为代表的软件信息技术外包,大田物流、康诚仓储为代表的企业供应链服务外包,汉辰多媒体、金游数码为代表的游戏多媒体服务外包。其中华硕科技作为从事信息技术研发服务外包的代表企业,离岸接包执行额位列苏州第一。

2. 产业载体建设日趋完善

截至目前,苏州科技城累计引进了日本富士通检测、印度NIIT培训、艾科梯、新致软件、清华易程、立思辰科技等一批海内外优质软件与服务外包项目进驻发展,其中不乏中国百强软件与服务外包企业和海内外上市企业。科技城软件与服务外包规模型企业总数已突破100家,实现了软件研发、信息技术服务、教育培训、设计测试、动漫游戏等核心外包产业的全覆盖。除苏州科技城外,高新区还拥有苏州创业园、保税物流中心、环保产业园、人才广场以及博济产业园等产业载体,随着载体功能的不断完善,服务外包企业也日益做大做强。目前,区内苏州创业园二期、苏州高新软件园二期共计23万平方米全面投入使用;5.5万平方米的综合性人力资源服务平台高新区人才广场正式启用;保税物流中心在高新区综合保税区获批的契机下,区域内企业供应链管理服务业务发展迅猛。

3. 产业软环境优化

经过一年的调研评审,高新区委托赛迪顾问股份有限公司编制的《苏州高新区服务外包产业发展规划》提出了高新区服务外包产业发展的目标。该规划已通过了省、市专家的终期评审。随着规划的制定,高新区服务外包产业发展环境得到进一步优化。早在规划之前,高新区就出台了电子信息、装备制造等2个主导产业和新能源、生物医药、服务外包等3个新兴产业的

"2+3"产业振兴发展规划,明确了服务外包产业成为高新区未来发展的新增长极之一。制定实施了《促进服务外包产业发展的若干意见》及实施细则,加强对服务外包企业的支持。同时,积极推进科技创新创业领军人才计划,给予服务外包产业重点支持,努力解决服务外包高端人才紧缺的瓶颈问题。

(二) 光伏产业链带火新能源板块

围绕"2+3"产业发展规划,苏州高新区重点推进"新能源、生物医药、服务外包"这三个新兴产业的提升发展。相对于传统能源,新能源普遍具有污染少、储量大的特点。抢占新能源开发利用的先机,已经成为高新区一个新的产业热点。其中,以太阳能光伏为代表的新能源产业在光伏产业链的带动下,迅速崛起,成为高新区新产业中的"领头军"。

1. 龙头企业引领千亿产业群

一批龙头企业的建成,对高新区打造光伏千亿产业群起到了带头示范作用。以生产太阳能电池片为主的阿特斯公司,2009年公司全年销售额达到75亿人民币,在全球太阳能光伏组件行业居前十位。阿特斯公司坚持差异化经营,成为世界上第一个使用低成本物理法冶金硅生产光伏电池和组件产品并实现商业化的公司。公司投建的光伏组件测试实验室也是行业内第一个获得国家认可委认可的企业级光伏可靠实验室。新入驻的太阳能企业同样实力超群,协鑫光伏项目总投资超过10亿元人民币,主要从事高纯多晶硅切片生产。一期工程投资额9800万美元,规划建设两幢大体量厂房,达产后形成年产600兆瓦多晶硅切片产能,预计可实现年销售收入5亿元。二期项目投资8800万美元,2011年上半年再上两个300兆瓦的产能,形成1.2G兆瓦多晶硅切片产能,年销售额达80亿元。2~3年后扩至2G~3G兆瓦切片产能,年产值可达200亿~300亿元。总投资达10亿元的赫瑞特从事单晶硅、多晶硅、蓝宝石切片的生产,项目建成后,形成拥有500台切片设备,实现每月8000万片的各种材料的切片能力,年营业收入将达到几十亿元。

2. 光伏产业园串起产业链

为了更加有效地整合光伏产业资源,高新区在苏州科技城打造了3平方公里的新能源产业基地——光伏产业园。获批以来,先后引进协鑫光伏、特谱风能、赫瑞特电子、曼兹太阳能设备、德宝水务等一批新能源产业项目,投资近3亿美元的阿特斯光电三期项目进入该产业基地,高新区在发展光伏产业链方面实现了重大跨越。光伏产业园的建成,将对现有光伏产业资源进行优化与整合,并利用龙头企业的集聚、引领、辐射和带动效应,拉长和完善产业链。从阿特斯到协鑫,目前,高新区的太阳能产品从多晶硅、单晶硅、太阳能电池及组件到太阳能电站一应俱全,高新区光伏发电产业链已经形成。而产业链的形成也带动了从事太阳能逆变器研发的艾索新能源等一批配套光伏企业的迅速发展。

3. 多元发展的新能源之路

目前,高新区以特谱风能、美恩超导、星恒电源等企业为代表的风能等新能源企业发展迅速,区内新能源产业已呈现多元化发展格局,洁净能源是我国的重点发展产业,作为中国第四家2兆瓦及以上风力发电机组的研发、制造企业,特谱风能已获取全球第三家瑞典SKF公司认证,有望成为中国最大的风力发电机组的生产基地之一。美恩超导已发展成为国内风电产品核心部件市场的重要供应商。以特谱风能、美恩超导为龙头的风能产业链正在形成。以星恒电源为代表的"锂电"能源也在高新区新能源产业链中扮演着重要角色,星恒不仅建成了国内第一条大功率锂离子电池生产线,还成为全国唯一一家"863"电动汽车重大专项和节能与新能源汽车重大专项的锂离子电池研发项目的重点承担单位。目前,针对电动汽车产业的紧迫需求,星恒又加快了电动汽车电池产品化的步伐,已成功应用于燃料电池混合电动轿车概念车"超越二号"和"超越三号"和奥运"领驭"燃料电池车。

(三)百亿级生物医药产业崛起

近年来,高新区依托产业基地与特色,大力发展生物医药产业,目前,全区拥有生物技术和新医药类企业150家,产值20亿元,无论是企业数量还是产值都保持了30%的年增长速度。高新区形成了以中科院苏州医工所为主要技术支持平台、以新药创制中心为主要孵化平台、以医疗器械产业园为产业化平台的较完善的产业链。

2010年12月10日,中科院苏州医工所园区启用仪式举行。经过两年多时间,苏州医工所已经推出了近30个医疗器械项目产品样机。苏州医工所提出"高科技"成就"低成本"理念,目标就是打破国内医疗器械依赖国外进口的现状,用高科技来实现低成本,让中国的老百姓用上实惠、高效的医疗器械产品。苏州医工所按照"边建设,边科研,边出成果"的指导思想,在科研开发、项目争取、人才招聘、基本建设和研究所管理等方面都扎实推进。苏州医工所二期建设与一期同时展开。二期建设投资总额为3.5亿元,将实施PET-CT、全数字便携式彩色B超、激光共聚显微镜等7个重大项目,建成相关技术研发平台,形成生物医学工程技术领域的综合基础能力。根据二期建设方案,这些高科技、小型化、低成本的医疗设备,将于两年内在高新区实现产业化。

截至目前,新药创制中心累计引进生物技术和新药研发企业112家,其中海外留学生企业50多家,在孵企业64家,已经研发出多个一类、二类新药,数个二、三类医疗器械,培育出了凯迪泰医学、捷美电子、维科医疗、伽俐生生物医药等优秀企业。引进海外留学人员60余名,各类高技术人才100多名。

高新区生物医药产业已经朝规模化发展方向迈进。目前,高新区规划占地约1000亩,投资2.9亿元,首期7.2万平方米的江苏省医疗器械产业园已经吸引了鱼跃医疗、柯尔医疗等16家国内外知名医疗器械企业入驻签约,注册资金达5亿元,并引进了江苏省医疗器械检验所苏州业务受理点,成立专门成果转化中心,组织医疗器械产业联盟等机构。产业园的建成将推动区内科研院所的成果转化进程,加强产业集聚效应。产业园二期还将建设国家级检测中心及公共技术服务平台。

四、启示作用

(一)加大科技投入力度

苏州高新区为鼓励创新,制定完善了一系列包括产业培育、人才引进、平台建设、产学研合作、知识产权、科技服务等在内的促进科技创新的扶持政策。全区财政科技投入占财政支出的比例达到11.1%,列苏州市第一名;全社会研发投入经费占地区生产总值比重达3.33%,连续五年保持苏州市第一名;2013年,落实研发费用加计扣除政策企业240家、加计扣除额达7.64亿元,同比增长分别为26.98%、25.51%;全区累计共有2200余个科技项目获得立项,共获得各级各类资金超过15亿元。

(二)稳步推进平台建设

苏州高新区充分发挥政策的引导作用,创新机制,鼓励和吸引各类资本共同参与科技创新载体的建设,形成较为完善的多元化创新载体体系:已建有11家省级以上科技企业孵化器(其中国家级5家,列苏州市第一),省级科技产业园5个,国家级产业基地3个;累计引进国内外研发机构、公共服务平台、重点实验室与院士工作站等各级各类研发机构550家;重大载体项目相继落户:中科院苏州医工所、浙江大学苏州工业技术研究院科技成果加快推进,中国移动研发中心正式落户,国家知识产权局专利审查协作江苏中心二期开工,中科院地理所地理信息与文化科技产业基地实质性启动,华东理工大学苏州工研院展开全面合作。

(三)加速领军人才集聚

苏州高新区制定"人才强区"发展战略,于2007年启动领军人才专项,全区人才总量达到14.7万人,其中高层次人才超过1.2万名,引进留学回国人员超过1800名,区内博士后科研工作站达21家,成立苏州首家"千人计划"研究院。各级各类领军人才累计达380人次,其中国家"千人计划"32人,省"双创"人才42人,省创新团队7家,创新团队数量列苏州市第一。以全省首家人力资源服务产业园——高新区人力资源服务产业园为核心区的"中国(苏州)人力资源服务产业园"获国家批准。领军人才企业总注册资本近30亿元,申请专利1800多项,其中发明专利1150项,实现销售收入47.5亿元。

(四)深化科技金融融合

大力推进科技资源和金融资本的有机融合,构建多元化主体广泛参与的科技金融链,集聚了一大批具有较强影响力的创投、担保、证券、投行、评估等投融资和金融服务机构,区内注册登记的创业投资企业和专业管理公司超过110家,资本规模超过120亿元。2013年,苏州高新区成为全国首家"保险与科技结合"综合创新试点,区科技金融服务中心获批省首批科技金融服务中心,苏高新财富广场获批省级创投集聚发展示范区。作为全国首批开展科技保险试点的国家高新区,截至2013年年底,累计有92家(次)企业享受区科技保险政策补贴,可转移的风险金额累计近650亿元。苏州高新区充分发挥"全国股转系统公司首家路演分中心"集聚效益,营造有利于中小型企业加速发展的环境。

思考题

1. 新兴产业发展与经济发展阶段之间存在什么内在规律性?
2. 你认为苏州高新区与苏州工业园区的新兴产业发展该如何做到共生共荣?

案例三　张家港：转型升级唱响"三重奏"

一、基本情况

作为全国县域经济的排头兵，早在 2011 年，张家港就发出了现代化建设的动员令。在张家港人看来，现代化建设不但要看经济总量，更要看运行质量。而该市传统产业比重偏高，在 85% 左右。在经历国际金融危机和全球经济下滑的洗礼中，张家港进一步加快传统产业转型升级，积极培育壮大新兴产业。如今，张家港的新材料、新能源、新装备等新兴产业迅速崛起，被誉为"三朵金花"。2015 年一季度，张家港市新兴产业 419 家规模以上企业实现产值 448.9 亿元，占规模以上工业比重达到 40.1%，较上年同期增加 3.2 个百分点；新兴产业完成投资 55.87 亿元，同比增长 11.5%，占工业投资比重达 59.8%，较上年同期增加 11.8 个百分点。

以光学膜、页岩气、再制造为代表的新兴产业异军突起，以信息化、自动化、智能化为抓手的智慧升级显现威力，以先进成果、领军人才、技术平台为核心的创新要素迅速集聚……踏着转型升级、创新驱动的时代节拍，张家港唱响了一曲极具张力又带有鲜明个性的"三重奏"。

二、主要做法

（一）新材料产业，转型升级唱主角

贴上一层膜，普通玻璃变成了液晶显示屏；用上另一种膜，普通照片处理后呈现出 3D 效果……在张家港市，就有这样一家"膜"力无限的企业——江苏康得新复合材料股份有限公司。

"智能手机、平板电脑、智能电视出货量的加大以及我国大陆多条面板生产线的逐步投产，将相应拉动市场对于光学膜的需求。"康得新公司负责

第六章 苏州新兴产业发展情况

人介绍说,2014年,2亿平方米光学膜产业集群全面达产,能够年产2亿平方米光学膜、5万吨PET基材、1万吨保护膜和6100吨UV固化黏合剂生产装置,康得新张家港基地由此成为全球产业链最全、集中度最高、竞争力最强的光学膜生产基地。

以康得新光学膜为代表,张家港市立足产业高端,瞄准科技前沿,将新材料产业作为发展战略性新兴产业的重中之重,全力以赴加以推进。2015年首季,全市154家新材料企业实现产值310.8亿元,同比增长3.5%,占张家港市新兴产业产值的比重达69%。

作为张家港市新材料产业另一块"巨头",页岩气新材料综合利用研发生产基地项目也在如火如荼的建设当中,项目总投资360亿元,一期投资40亿元,主要生产丙烯和聚丙烯产品,生产能力达到了60万吨,年产值将超50亿元。经过两年多时间的建设,一期工程已经进入投料试生产阶段。目前,页岩气基地丙烯一期等5个项目全部竣工试生产,后续项目正加快报批、加快开工。2015年,基地可实现销售超100亿元,比2014年翻一番。凯凌化工、华昌化工等一批丙烯下游企业也都落户保税区,张家港市将利用3至5年时间,形成210万吨丙烯、140万吨乙烯、100万吨丁烯的"三烯"基础原料生产能力,并向下延伸发展新材料产业,形成千亿级的新材料产业研发生产基地。

除了页岩气基地和光学膜基地这样的"大块头",在新材料研发和生产领域,张家港市还有不少"生力军"。张家港龙杰化纤是一家研发、生产和销售差别化聚酯纤维的高科技公司,目前已形成差别化涤纶工业丝、新型聚酯纤维等五大系列产品,100多个品种。"通过不断提升产品差别化程度,进一步提高了附加值,目前产品差别化率100%。我们公司前3个月,在销售基本持平的情况下,公司实现利润2200万元。军品丝、记忆纤维丝产量同比分别增长两倍左右,企业业绩较同期明显提高。"公司相关负责人介绍说。

(二)新能源产业,转型升级源动力

小小的一片产品,里面却包含了4万多颗LED芯片,华灿光电的负责人介绍着公司的一款主打产品:"这种芯片可以用在电视机、大的笔记本电脑或者iPad上面,用作液晶显示屏的背光,有着极高的发光效率。目前,这种产品已经达到世界最先进水平,出口到韩国等国际上最主流的一些电子厂家,得到了他们的认可。"

据介绍,总投资 78 亿元的华灿光电项目,目前 96 台(套)MOCVD 设备已建成投产,并向 LG、三星等国际 LED 龙头企业批量供货,单体产能列全国第二,二期的 104 台(套)正在加速推进。随着华灿光电 LED 外延芯片项目的逐步投产,未来张家港市将以华灿光电 LED 外延片及芯片生产为核心,进一步向上下游延伸 LED 照明产业链。

LED 产业风生水起,锂电新能源产业也不甘落后。从功能添加剂、电解液到锂离子电池、组件及电源管理系统再到新能源汽车,张家港市正在形成以国泰华荣、华盛化学、金帆电源、银河锂业为龙头的锂电产业完整产业链条。从 2002 年建成 200 吨/年锂离子电池电解液生产装置,到 2003 年增长到 1000 吨/年,2004 年增长到 2000 吨/年,到如今电解液生产能力 1 万吨/年,电解液实际产销量居世界第一,国泰华荣化工新材料有限公司每年都在实现着飞跃式发展。"未来,国泰华荣将积极向上游新型电解质盐、功能添加剂和横向高性能电极材料、隔膜材料等领域拓展,力争成为锂离子电池综合材料优秀供应商和锂离子电池成套技术服务商。"公司相关负责人介绍说。

光伏产业经过前几年的行业整合和政策扶持,近两年呈现出了逐步回稳的趋势。最近,苏州晶樱光电科技有限公司的工作人员正忙着为投资 1000 万美元的硅晶切片二期项目做准备。"二期项目将投入使用金刚石线切割,在提升切割速度的同时,由于直接用水切割,对环境保护也能起到较大作用。"公司总经理介绍说,2015 年一季度,公司实现产值 1.7 亿元,同比增长 13.3%。随着二期项目投入生产,晶樱光电也将 2015 年的销售目标锁定在了 15 亿元。目前,晶樱光电的硅片已经达到国家顶级、世界标准水平,晶樱光电正瞄准生产专业化、业务多元化的全新定位,全力加快企业转型升级步伐。

伴随着新能源产业的蓬勃发展,张家港市的能源结构也在进行调整完善。前不久,张家港市与华电能源签订了综合能源项目合作协议,这是张家港市能源结构调整的重大举措。项目一期工程总投资 45 亿元,其中大型燃机热电联产项目投资 25 亿元、LNG 分销站项目投资 20 亿元,预计 2019 年建成投产。同时,在建的东沙物流园,将打造成沿江 LNG 仓储、交易和利用基地以及清洁能源供应基地,为张家港市下一轮发展提供源源不断的强大动力。

(三)新装备产业,转型升级"坚强后盾"

新装备产业涵盖了海洋工程装备、智能制造装备、新能源汽车和核电关联产业等领域,是实现传统产业升级延伸和高端产业入驻的关节点。作为张家港市三大战略性新兴产业之一,新装备产业俨然已成为推动港城实现产业优化升级和经济结构调整的重要力量。

一台台报废的汽车发动机通过拆卸、更换零部件等程序,就成为展厅内新的天然气再制造发动机,真正实现变废为宝。在加快转型升级步伐的过程中,再制造装备产业已经成为强力引擎。

作为张家港市再制造领域的龙头企业,富瑞特装与中国工程院徐滨士院士、国家"千人计划"专家张洪潮教授合作,开展再制造油改气发动机项目的研制。目前,富瑞特装 5 万台汽车发动机再制造一期项目已经实现竣工投产,二期也在规划当中。

"只有好的装备,才能生产出好的产品。"对此,张家港市不少企业有着相同的体会。来到位于经开区(杨舍镇)的那智不二越(江苏)精密机械有限公司的厂房里,一台台智能移动的搬运机器人、各种型号的焊接机器人正被源源不断生产出来。据了解,公司一期已建成投产,2015 年第一季度实现产值 6487 万元,同比增长 34.6%,二期还将设立研发中心,形成集研发、生产、售后服务于一体的完整的运作体系。

智能装备产业,代表着新装备领域的最高技术含量,是新装备产业中的一颗"璀璨明珠",同时为其他支柱型产业的转型提供强大支撑。近年来,张家港市把发展智能装备产业作为推动机械装备产业升级、加快经济结构优化的重要战略方向,目前已经成功获批张家港机器人产业园,吸引并培育了那智不二越、新美星、宝昇科技等一批龙头企业,年销售达 136 亿元。

三、成效和启示

(一)创新产业业态显成效——新兴产业"三驾马车"动力十足

张家港的经济图谱中,产业结构偏重是最突出的特点,也是转型升级攻坚的重点。结合自身实际,张家港市手握"创新产业业态"这枝笔,不断刷新产业底色。

"创新产业业态就是要根据城市的基础、优势和特征,引进新的产业项目、重塑新的产业格局、搭建新的产业生态链条。"张家港市委书记姚林荣说,创新产业业态是转型升级的首要目标,也是创新驱动的主攻方向。

张家港国税部门的数据显示,2015年一季度,涵盖了页岩气新材料项目、康得新光学膜产业集群项目、汽车发动机再制造等在内的十大制造业项目所涉企业实现开票销售537.35亿元,入库国税7.64亿元,同比增长50.63%。与这组数据映衬的是,一个个新兴产业项目的"开花结果":康得新张家港基地2亿平方米光学膜产业集群全面达产,一举成为全球产业链最全、集中度最高、竞争力最强的光学膜生产基地;页岩气新材料综合利用研发生产基地项目一期进入试生产阶段,预计2015年销售可超100亿元;福瑞特装5万台汽车发动机再制造一期项目已经实现竣工投产;华灿光电项目96台(套)MOCVD设备已建成投产,并向LG、三星等国际LED龙头企业批量供货,单体产能列全国第二……

再看一组数据。2015年一季度,张家港市新兴产业419家规模以上企业实现产值448.9亿元,占规模以上工业比重达40.1%,较上年同期增加3.2个百分点;新兴产业完成投资55.87亿元,同比增长11.5%,占工业投资比重达59.8%,较上年同期增加11.8个百分点。其中,由新材料、新能源、新装备构成的新兴产业"三驾马车"动力十足,成为带动张家港转型的"最强引擎"。

在现有新兴产业项目相继发力的同时,张家港还在加紧蓄力。2015年3月,张家港市与华电能源签订了综合能源项目合作协议。该项目一期工程总投资45亿元,其中大型燃机热电联产项目投资25亿元、LNG分销站项目投资20亿元,预计2019年建成投产。同时,在建的东沙物流园,将打造成沿江LNG仓储、交易和利用基地以及清洁能源供应基地。

(二)抢搭"工业4.0"快车——"三化"助推港城企业智慧升级

2015年4月,张家港市中小企业发展与服务联盟联合沙洲湖科创园,举办了中小企业智能制造研讨会,该市40余家企业负责人组团取经"工业

4.0"。"助力企业搭乘'工业4.0'快车,实现从传统制造向智能制造升级,是摆在我们面前的重要课题。"该联盟负责人说。

事实上,对于制造业强市张家港来说,以信息化、自动化、智能化为抓手的智慧升级早已"行动"了。以该市的支柱产业之一纺织业为例,近年来,面对人工成本上升、利润空间收窄的窘境,"机器换人"成为纺织企业寻求变革的一个突破口。

华芳集团是一个典型。2011年以来,华芳集团在港城的子公司已累计投入3亿多元技改资金,大大提高了装备档次和自动化生产水平。4年来,企业不仅保持了生产稳定、产销平衡,更实现了生产效率和经济效益的大提升。至2014年年底,全集团共有员工15078人,在规模产能和产出总量基本持平的情况下,相比2010年年底减少了34%,与高峰时的2006年相比,更是减少了57.4%。

张家港市经信委相关负责人介绍说,"机器换人"最大的好处就是质量稳定、效率提升,而质量和效率正是企业的两大生命线。如今,越来越多的港城企业已经意识到"机器换人"是开启企业转型升级、提高效率的"金钥匙"。

对制造业来说,"人口红利"已然不再,而"技术红利"空间巨大。"目前,我们已着手对六车间进行智能化改造,通过系统集成,实现人、设备与产品的实时联通与有效沟通,构建高效的智能制造模式。"金田纺织总经理如此说。

已经有了16台焊接机器人的保丽洁环境科技股份有限公司,同样在从自动化迈向智能化。"通过引入物联网技术,我们生产的空气净化设备将具备跟踪服务功能,"该公司董事长说,"设备植入智能芯片后,排放、处理等各类运行数据将被及时收集。这种智能化收集,有助于公司进一步改进产品性能,不断提高设备处理效果,也便于环保机构的监管,是多方的共赢。"

此外,东渡集团对传统流水线进行智能化改造后,有效提高了面料一次制成率,提高工效30%、产量20%,能耗降低10%;骏马集团运用信息化手段实现产品的数字化与智能化,推动产品研发周期缩短15%,设计和制造成本降低12%,交货期缩短35%。

（三）18 家企业"借智"中科院——"三个一批"集聚科技创新原动力

2014 年年底,张家港市人民政府、张家港保税区管委会与中国科学院大连化学物理研究所签约,共建"中科院大连化学物理研究所张家港产业技术研究院"。该市与中科院系统的合作,迈入平台化、基地化建设的新高度。

港城企业在谋求创新转型的过程中,中国科学院是一个强大的"外援"。据张家港市科技局负责人介绍,目前,该市有江苏飞翔化工集团、凯凌化工(张家港)有限公司等 18 家企业已与中科院大连化物所、理化技术研究所、上海硅酸盐研究所等 14 家中科院系统单位开展技术转化、技术服务等方面的合作,共同承担了 31 项产学研合作项目,项目总投入 20.98 亿元,已形成销售收入 24.2 亿元。

不仅如此,在张家港市创新创业的领军人才中,有 11 位"出身"中科院系统,涵盖新能源、新材料、电子信息等研究领域。其中中科院上海高等研究院薛新忠研究员、中科院金属研究所尚建库研究员获评"省双创"人才项目。

全方位"借智"中科院,是张家港积极实施创新驱动、主动适应经济新常态的一个注脚。"我们将按照引进一批创业创新人才团队,打造一批科技创新载体,培育一批创新型企业'三个一批'的思路,增强科技创新原动力。"张家港市委副书记、市长朱立凡说。

加快集聚人才项目。累计自主培育"千人计划"人才 11 名,引进"千人计划"专家产业化项目 82 个,培育省"双创"人才 69 名、"姑苏计划"人才 94 名。2015 年,再增加领军人才团队 85 个以上、"姑苏"以上人才超过 30 名、"千人计划"专家产业化项目 35 个。

持续优化创新环境。以"810 工程"的十大创新载体为重点,加快建设载体平台。创新创业载体累计达 120 万平方米,2015 年再增加 30 万平方米。实现本土大中型企业研发机构"全覆盖"。同时,探索推进科技金融,加快构建"资金、技术、人才、保险、专利"等各类创新服务平台。

促进科技成果转化。目前,380 多个创新创业人才项目有 195 个实现产业化。到 2015 年年底,高新技术企业达 350 家以上,高新技术产业产值占规模以上工业产值比重达 45%。

思考题

1. 张家港市新兴产业发展的"三重奏"有什么特点?
2. 你认为张家港市的新兴产业转型升级实践的参考价值及不足有哪些?

后 记

苏州产业转型升级的实践与探索是苏州市经济社会发展的必然要求，也是认真贯彻落实国家发展新战略，自觉践行"五大发展理念"，大力推动"工业经济"向"服务经济"、"劳力经济"向"智力经济"、"世界工厂"向"世界办公室"转型，努力实现产业结构由"二三一"向"三二一"转型，全力打造现代服务经济高地和服务经济强市的理性选择。本书结合苏州产业转型升级探索实践，总结苏州市产业转型升级过程中积累的经验，揭示产业转型升级过程中面临的挑战，展望产业转型升级的未来走向。

苏州市产业转型升级实践具有苏州特色，产业转型升级取得的成果和经验依赖于这一地区的社会条件、资源禀赋与文化积淀。因此，其推广价值不是无条件的。各地要根据各自的条件开展探索，形成契合自身社会经济发展阶段、充分挖掘整合适合各自资源禀赋的产业转型升级模式。

本书是苏州干部学院与苏州大学共同合作的成果，由苏州干部学院张伟任主编，苏州大学尚贵华任副主编，由付冰、王习习、裴梦婷、张琰等参与编写，由尚贵华统稿，付冰、王习习校对。

编写过程中引用了许多资料，包括苏州市发改委、苏州市统计局以及相关区县等单位的相关数据与材料，在此一并表示感谢。

编 者

2016年3月于苏州